따라하는

양적연구방법

- PSPP프로그램을 중심으로 -

따라하는
양적연구방법

- PSPP프로그램을 중심으로 -

강신영 · 하연희 공저

동문사

머리말

유아교육 분야에서 연구하는 연구자들을 위한 통계분석 도서들은 이미 많이 있고, 동영상도 많이 찾을 수 있다. 또한 인공지능의 발달로 데이터를 수집하고 분석하는데 있어서도 애써 고생하지 않아도 될 날이 곧 도래할 것이다. 그럼에도 불구하고 졸저를 추가하는 것은 이 땅의 미래인 아이들을 위해 연구하고 실천하는 유아교육 연구자들에게 지금 현재, 조금의 도움이 되지 않을까 하는 마음에서 비롯되었다.

통계분석을 강단에서 가르치면서 계속 생각한 것은, 저자가 처음 배웠을 때 느꼈듯이, 연구자들이 막연하게 어렵고 복잡하다는 선입견에 사로잡혀 있다는 것이다. 저자도 계속되는 세미나에 참석하고, 실제로 양적 연구방법을 실행해 보며 분석기법들을 공부하다 보니 어느덧 가르치는 자리에까지 이르렀다. 마치 연탄구멍에 손가락 하나를 넣어서는 들기 어렵지만 구멍 서너 개에 손가락을 넣으면 들어올릴 수 있듯이 통계분석 연구는 바탕이 되는 양적연구방법에 대한 손가락 서너 개가 같이 있어야 들어올려지는 것 같다.

이 막연한 어려움의 여정을 어떻게 하면 보다 짧은 기간에 함께 할 수 있을까 고민한 노력의 산물로 본서는 쓰여졌다. 교육현장에서 얻은 데이터를 본서에서 나온 해설대로 따라하면서 통계분석을 실행하여 양적연구 보고서를 작성하는 데 보탬이 되었으면 한다.

본서는 통계분석의 제일 기초적인 분석들을 다루고 있다. 논문에 적용되는 순서대로 집필하려고 노력하였고, 결과보고의 예시를 제시함으로써 논문에 보고하는 형식도 따라할 수 있도록 고려하였다. 교육현장에서 지친 몸을 이끌고 자리에 앉을 연구자들을 위해 제한 없이 내 PC에 설치해서 사용할 수 있는 프로그램인 PSPP를 중심으로 집필하였다.

나아가 독자들의 충고를 거름삼아, 보완과 개선을 통해 독자들에게 더욱 유용한 안내서로서의 발전을 기대한다. 바쁜 일정 중에 애써주신 편집부께도 진심으로 감사드리며, 이 땅에 아이들의 웃음이 넘쳐나기를 기도하며 더욱 연구에 열의를 다하고자 다짐한다.

2023년 한해와 작별하며
푸르르게 반짝이는 태평양과 함께
2024년 새해를 기대하는 저자 일동

차 례

CHAPTER 04 빈도분석

CHAPTER 05 신뢰도 분석

CHAPTER 06 통계처리 준비

01
CHAPTER

양적연구의 정의와 필요성

따라하는

양적연구방법

학문을 함에 있어서 항상 가질 질문이 2가지 있다. 첫째는 그것이 무엇인가? 이다. 어떤 개념이 등장했을 때 그것이 무엇인지 정확히 알고 있어야 하며, 그래야 그것을 이용할 수 있다. 둘째는 그것을 왜 하는가? 이다. 그것이 어디에 필요한 것인지, 그것으로 얻을 수 있는 결과가 무엇인지 알아야 목적이 있는 활동을 할 수 있다.

1. 양적연구방법이란 무엇인가?

아동연구는 양적연구방법과 질적연구방법으로 나눌 수 있다. 양적연구방법은 연구대상의 어떤 속성을 측정이라는 과정을 통해 수량화하고, 그 숫자들에서 의미를 찾아내는 과정이다. 일반적으로 양적연구방법을 적용한 연구대상은 다수이며, 다수 숫자들의 관계를 가지고 설명한다.

질적연구방법은 연구대상의 행동이나 표현된 특징을 수집하여 그 자료들에서 의미를 찾아내는 과정이다. 일반적으로 질적연구방법을 적용한 연구대상은 소수이며, 수집된 자료를 말로 풀어서 독특한 의미를 찾아내는 데 목적이 있다.

양적연구방법은 대상의 특징을 측정하기 위해 그 속성 중에서 관심 있는 속성을 '변인(變因, variable)'이라는 이름으로 부른다. 변인을 측정하기 위해 변인이 무엇인지 연구자 나름대로 정의를 하는데, 이것을 '조작적 정의'라 한다. 예를 들어, 연구대상의 키를 변인으로 설정한다면, 키를 아침에 잴 것인지, 저녁에 잴 것인지에 따라 값이 조금씩 달라지므로 그 시간을 정해야 한다. 측정할 때의 자세에 따라서도 값이 달라진다. 따라서 "연구 당일 아침 9시에 신장계에 똑바로 서서 측정한 값을 키라고 한다"고 정의하면 그것이 조작적 정의이다.

양적연구방법은 변인을 측정하고, 여러 연구대상자에서 그 측정값을 모아 비교하거나, 분류하거나, 규칙성을 찾아 연구대상의 특징에 대해 기술, 설명, 예측, 통제하는 논리적 과정이다. 양적연구방법을 통해 얻어진 자료와 결론은 논문 혹은 연구보고서의 형태로 기록하게 된다.

○ 기술(description): 현상이 무엇(what)인가에 대한 답으로, 그 자체의 속성을 있는 그대로 보여주고, 다른 현상과의 공통점과 차이점을 통해 이 현상의 특성을 구별할 수 있게 해준다.

예 임산부들의 태교 실태와 요구도

○ 설명(explanation): 현상이 왜(why) 일어났는가 인과관계를 밝히는 것으로, 그것을 이해하게 해준다.

예 지능이 수학문제 해결에 미치는 영향

○ 예측(prediction): 기술, 설명된 현상에 대해 논리적으로 다음 순서에 일어날 현상을 기대하는 것.

예 소년은 동사를 그리고 소녀는 형용사를 그린다

○ 통제(control): 예측에 의해 현상을 일어나게 혹은 일어나지 않게 하는 변수를 찾아내어 원하는 결과를 만들어내는 것. 연구결과를 실제 현장에 실천할 수 있게 해준다.

예 집중력 향상이 공격성 감소에 미치는 영향

과학적 연구방법은 엄밀한 변인통제로 재현성을 이루는 것이 필수적인 객관성이다. 그러나 사회과학이나 교육학에서의 연구방법은 엄밀한 변인통제가 어려운 경우가 많다. 현실상황은 흐르는 시간과 다양한 사람의 복잡한 심리가 얽혀있기 때문이다. 게다가 교실 상황은 더욱 복잡한 변인들이 마구 얽혀서 상호작용하고 있다. 따라서 '특별히 영향이 큰 변인'에 대해 '어느 정도 통제'하는 방법을 사용한다는 한계가 있다.

2. 양적연구는 왜 하는가?

1) 전반적인 경향의 보고

연구보고서에서는 연구대상자에 대한 일반적인 인구학적 정보를 제시하여야 한다. 여기서 기술통계를 사용하여 빈도와 백분율을 일괄적으로 제시하는 것이 가장 간편하면서 직관적이다. 이처럼 빈도와 백분율을 제시해야 하는 연구문제들의 경우 양적연구방법을 통해 전반적인 경향을 보고할 수 있다.

예를 들면, 교육서비스에 대한 부모들의 요구도 조사나, 교사 연수에 대한 인식조사의 경우 다양한 문항에 대한 선택지의 빈도와 백분율을 통해 현황을 파악할 수 있다. 물론 이 결과가 유효하려면 적절한 대표성을 지닌 집단을 표집하는 것이 관건이다.

2) 객관적인 증거 제시

아동의 발달에 대한 증거나, 어떤 교육방법의 효과 검증 등은 실제로 이전의 점수와 비교하거나, 다른 집단과 비교함으로 객관적인 증거를 얻을 수 있다. 물론 내면적인 변화나, 측정이 어려운 변화는 양적연구로 하기 어렵지만 측정 가능한 변인을 조작하여 변화를 이끌어내었다면 양적연구로 그 변화량을 보고할 수 있다. 이때 처치나 조작에 참여하지 않은 집단은 해당 기간 동안 처치나 조작에 준하는 다른 어떤 활동도 하지 않아야 정확한 변화량의 측정비교가 가능하므로 이를 통제집단이라 한다.

3) 변인 간의 관계 제시

연구대상이 가진 특징인 변인들을 측정하고, 이것이 다른 변인에 의해 영향을 받은 것인지, 혹은 다른 변인과 함께 변화하는 것인지 알아보는데 양적연구방법의 통계기법이 사용될 수 있다. 예를 들면, 성별에 따라 자기효능감 점수가 달라지는지 검증할 수 있고, 혹은 프로젝트 점수의 증가에 따라 과학이해도 점수가 달라질 수 있는지 검증할 수 있다.

4) 측정도구의 제작

일반적으로 검사도구를 활용하여 측정하는 경우, 그 검사도구가 본 연구에서 제대로 사용되었는지 신뢰도를 보고하는 절차를 거쳐야 한다. 신뢰도라는 것은 그 변인의 특징을 얼마나 일관되게 측정하였는가 하는 일치도이므로 연구보고서의 연구도구 파트에 꼭 들어가야 한다.

변인을 측정하는 도구를 제작하는 데 양적연구의 통계기법이 사용될 수 있다. 문항을 개발하고 각 문항의 타당도와 신뢰도를 산출하여 적절성이 낮은 문항은 제거하고 문항 수를 적절하게 조절할 수 있다. 또, 문항을 분석하여 몇 가지의 하위요인으로 묶을 수도 있다.

5) 특정 기법의 활용

근래에 대두되는 다양한 연구보고서들은 현재 당면한 연구문제를 위해 기초통계방법을 응용하여 독특한 활용기법을 고안해 내었다. 다른 학문분야에서 사용되는 기법을 차용하기도 하고, 기존 기법을 조합하기도 하고, 질적연구와 양적연구를 조합하기도 한다. 이러한 접근은 양적연구가 가진 한계점을 보완하면서 동시에 해당 연구문제에 최적의 답을 이끌어낸다.

3. 양적연구 논문의 체계

논문은 4개의 장으로 구성되어 있다. 서론-방법-결과-논의의 형태는 다른 학문에서도 많이 사용하는 기본적 연구보고의 형태이다. 특히 양적연구는 정형화된 틀이 많아 사용되는 문장도 꽤 일정한 형태이다. 때로는 결과파트에서 통계결과표를 읽어주는 문장이 카피킬러에 지적되기도 할 만큼 일정하다.

1) 서론

서론은 라틴문자 I을 붙여 큰 장으로 구별한다. 서론에서 들어가야 할 요소는 연구의 필요성과 목적, 연구문제이다. 각각 숫자로 소제목을 붙인다. 1. 연구의 필요성과 목적, 2. 연구문제로 표시된다.

연구의 필요성은 본 연구를 왜 했는가이다. 연구문제를 착안한 이유, 선행연구에서 이와 유사한 주제를 어떻게 다루고 있으며, 선행연구와 차별되는 의문점은 무엇인가를 중심으로 본 연구가 꼭 수행되어야만 하는 이유를 논리적 흐름을 잡아서 전개한다.

연구의 목적은 본 연구에서 무엇을 수행했는가이다. 본 연구에서 알아보고자 하는 것은 무엇이며, 선행연구에서는 유사한 문제를 어떻게 해결하였는지, 본 연구에서는 어떻게 해결하였는지 서술한다. 보통 서론에서 "따라서 본 연구에서는"으로 시작되는 단락이 연구의 목적을 기술하고 있다.

연구문제는 본 연구에서 연구자가 풀어나갈 질문이다. 연구자는 이 문제를 중심으로 해답을 찾아내기 위해 조사하고 분석하고 논의할 것이다. 연구문제는 하나에 한 질문만을 해야 한다. 연구문제에 서술한 순서대로 연구결과와 논의의 소제목이 된다.

연구에서 특별히 어떤 용어에 대한 개념을 정의해서 사용한다면 소제목을 두어 "3. 조작적 정의" 같은 방법으로 소개하기도 한다. 용어가 여럿일 경우 반괄호를 사용하여 정의한다. 예를 들면 아래와 같다.

> **1) 공격성**
>
> 본 연구에서 공격성이란 다른 대상에게 손상을 줄 목적을 가지고 신체적 행위 혹은 언어적 표현을 한 것을 말한다.

학위논문에서는 선행연구 고찰을 따로 떼어 II. 이론적 배경으로 독립시키기도 한다. 대다수의 학술지 논문에서는 이론적 배경을 서론과 논의 안에 포함시켜 고찰한다. 이론적 배경을 독립시킬 때에도 소제목은 연구문제의 순서대로 그 문제에 대한 선행연구를 고찰한다.

2) 연구방법

연구방법은 학술지 논문에서는 라틴문자 II로 독립된 장을 구성한다. 연구문제를 해결하기 위한 연구대상, 표집방법, 연구도구, 분석방법을 각각 숫자를 붙인 제목으로 설정하고, 연구도구를 여러 개 사용한 경우, 각 검사도구의 소개는 반괄호 제목을 붙인다.

연구대상에는 데이터를 누구에게서 추출하였는가를 일목요연하게 제시한다. 보통은 인구학적 변인을 따라 빈도분석표로 정리하여 제시한다. 아래 예시는 한 연구에서 사용된 유아교사의 일반적 특징이다.[1)]

변인	구분	빈도(N)	백분율(%)
성별	여자	212	100.0
	남자	0	0
연령	20대	50	23.6
	30대	89	42.0
	40대	52	24.5
	50대 이상	21	9.9
결혼여부	미혼	40	18.9
	기혼	166	78.3
	이혼	6	2.8

1) 버탄프엉(2022). 베트남 유아교사의 교직에 대한 열정과 직무만족도가 행복감에 미치는 영향. 고신대학교 대학원 석사학위논문.

변인	구분	빈도(N)	백분율(%)
학력	교사양성과정	20	9.4
	2-3년제 대학 졸업	52	24.5
	4년제 대학 졸업	128	60.4
	대학원 이상	12	5.7
경력	1년 미만	5	2.4
	1-3년	18	8.5
	3-5년	24	11.3
	5-8년	25	11.8
	8-10년	18	8.5
	10년 이상	122	57.5
직위	교장	15	7.1
	담임교사	154	72.6
	보조교사	24	11.3
	교감	16	7.5
	기타	3	1.4
근무기관	국립유치원	123	58.0
	사립유치원	75	35.4
	국립어린이집	3	1.4
	사립어린이집	11	5.2
근무시간	8시간 미만	4	1.9
	8-10시간	105	49.5
	10-12시간	85	40.1
	12시간 이상	18	8.5

논문에는 요구되는 표의 서식이 있으나 공통적으로 숫자는 소수점 위치를 정렬하는 것이 바람직하다.

표집방법은 보통 연구대상을 소개하면서 어떻게 연구대상을 표집하였는지 간략히 언급하되, 구체적인 지명이나 교육기관 등 개인정보가 노출되지 않도록 바꾸어서 기록한다. 구체적인 표집방법은 제3장에서 다루었다.

연구도구에서는 연구에 사용된 검사도구, 측정도구를 연구제목에 나온 순서대로 제시한다. 여러 개를 사용한 경우 반괄호 번호를 붙여 나열한다. 연구도구를 소개할 때 사용되는 문구에 들어갈 요소들은 제5장 신뢰도 분석에서 다루었다. 또한 표로 일목요연하게 그 척도의 하위요소, 문항수, 신뢰도 정보를 제시한다.

분석방법에서는 본 연구에서 사용된 통계분석기법을 기술한다. 먼저, 어떠한 프로그램을 사용하였는지 서술하고, 연구문제 순서대로 각 연구문제들을 해결하기 위해 사용된 분석기법을 구체적으로 서술한다.

예를 들면, 다음과 같다.

연구문제들을 분석하기 위하여 PSPP 통계프로그램 1.6.2 버전을 이용하여 전산통계로 분석하였다.

첫째, 연구대상자의 인구통계학적 특성을 파악하기 위해 빈도분석과 기술통계분석을 실시하였다.

둘째, 측정도구의 신뢰도는 Cronbach's α 계수를 산출하였다.

셋째, 유아교사의 교직에 대한 열정, 직무만족도, 행복감 변수 간의 관계를 알아보기 위해 상관분석을 실시하였다.

넷째, 유아교사의 교직에 대한 열정, 직무만족도가 행복감 변수에 미치는 영향을 분석하기 위해 다중회귀분석을 실시하였다.

3) 연구결과

연구결과는 라틴문자 III을 써서 독립된 장으로 구성한다. 소제목 번호는 각 연구문제 순서에 따라 붙인다. 연구문제 하나에 통계분석표가 여러 개가 나올 수 있으나 전체적인 분량은 독자가 직관적으로 이해하기 쉽도록 고려해서 배치한다.

표는 일련번호를 붙여 표 제목을 상단에 위치하게 하고, 표 제목은 표의 내용을 알 수 있도록 한 문장으로 정리한다. 표 아래에는 각주가 붙기도 한다. 유의도나 값 산출에 사용된 특정 기법에 대한 해설이 붙기도 한다. 그 아래는 표의 내용을 문장으로 풀어서 읽어주는 영역이 필요하다. 모든 숫자를 다 읽어줄 필요는 없으며, 중요한 결과만 선별해서 읽어주기도 한다. 기재방법은 APA(미국심리학회, American Psychological Associtaion)를 따른다. 사회과학분야에서 학술문헌은 작성 및 인용에 이 양식을 주로 따른다. 단, 그 결과치에 대한 해석은 이후 논의 장에서 다루므로 결과편에서는 분석결과 수치만 읽어주어야 한다.

4) 논의

논의는 라틴문자 IV를 사용하여 독립된 장으로 구성한다. 연구에 따라 논의, 결론, 논의 및 결론, 요약 및 논의 등 변화를 주기도 한다. 논의 이후에 연구의 제한점, 후속연구에 대한 제언, 감사의 글 등을 덧붙인다.

본 장에서는 연구문제 순서에 따라 왜 이런 결과가 도출되었는지 그 의미를 해석하는데, 해석의 근거는 선행연구들이다. 다른 연구들에서 유사한 결과 혹은 상이한 결과를 나타낸 문헌들을 찾아서 본 연구에서는 왜 이런 결과가 나왔는지 설명하며 연구문제에 대한 논리적 해설을 한다. 요약을 해야 할 경우도 마찬가지로 연구문제 순서에 따라 본 연구의 결과를 간략히 요약한 후 논의를 덧붙인다.

연구의 제한점은 본 연구에서 다루지 못한, 혹은 미비한 점을 기술한다. 사람을 대상으로 한 연구이므로 완전한 통제하에서 이루어지기 어렵기 때문에 제한점은 있을 수밖에 없으므로 그것을 정리해서 기술해 주어야 한다. 표집의 제한점, 측정도구의 제한점, 분석과정에서의 한계 등을 간략하게 서술한다. 제한점이 너무 많으면 본 연구가 부실했다는 의미이므로 연구결과에 영향을 주었던 특징적인 제한점 위주로 기록한다. 표집의 제한점 문장의 예를 들면, 다음과 같다. “본 연구는 P시의 유치원 원아들 중에서 표집하였으므로 전국으로 적용하는 데는 한계가 있다.”

후속연구에 대한 제언에서는 본 연구에서 미비했던 점이나 다른 변수, 다른 측정도구를 사용했더라면 하는 부분을 제언하고, 혹은 본 연구와 관련 있는 인사이트를 제공하는 문장을 제시한다.

감사의 글에서는 보통 연구비를 지원한 곳에 대한 감사의 글을 기록하는데, 학위논문의 경우는 연구자 개인의 감사 인사를 별도로 첨부하기도 한다.

02
CHAPTER

양적연구의 설계

따라하는
양적연구방법

1. 측정할 변인 선정

측정이란 어떤 특성을 수량화하는 과정이다. 이를테면, 체중을 측정한다는 것은 몸무게라는 특성을 숫자로 바꾸는 과정이다. 양적연구는 아동의 특정 변인을 수량화하여 통계분석을 통해 그 변인의 특성을 파악하는 것이 목적이다. 따라서 가장 먼저 측정할 변인을 선정하여야 한다. 현장에서 나타나는 아동의 특성이나, 문헌고찰 중에 발견한 문제로 수량화할 변인을 선정하여야 한다.

양적연구의 측정방법으로 관찰법도 사용할 수 있지만 양적연구방법을 사용할 만큼 많은 유아들을 관찰하기는 쉽지 않다. 다수의 관찰자를 훈련하여 일치도를 높이는 과정도 어렵지만 관찰한 자료로 학문적인 분석을 이끌어내는 것도 쉬운 일이 아니다. 그럼에도 불구하고 교실에서 직접 관찰을 통한 연구는 계속되어야 한다.

관찰을 통해 측정할 경우, 체크리스트를 작성하면 O와 X로 체크된 측정치를 얻을 수 있다. 각 월령에 해당하는 발달지표 여러 문항을 제시하고 도달하였는가 여부에 따라 체크한 뒤 개인별 합산점수를 처리하기도 하고, 연구대상 전체의 문항별 합산을 산출하기도 한다.

아이들의 일상을 관찰하면서 빈도표집, 시간표집을 통해 행동이나 언어의 발생빈도 혹은 지속시간을 측정할 수도 있다. 객관성을 위해 다수의 관찰자가 필요하며, 타깃행동을 찾아내는 훈련을 동일하게 실시하여 투입하여야 한다. 관찰자 간 일치도와 관찰자 내 일치도가 측정의 신뢰도로 제시되어야 한다.

현실적으로 유아교육의 양적연구에서 가장 많이 사용되는 측정방식은 설문지 혹은 검사지를 사용하는 것이다. 기존 설문지나 검사지를 사용할 경우 이미 검증된 연구도구이므로 신뢰도가 높고, 자료 처리가 용이하다. 설문지를 제작하는 경우는 신뢰도와 타당도에 대한 별도의 검증이 필요하며, 그 자체가 하나의 연구가 되기도 한다.

양적연구를 위한 설문지 혹은 검사지는 평정척도의 형태를 많이 사용한다. 평정척도는 리커트 척도(Likert scale)라고도 불리며, 해당 문항에 '정도'라는 정보를 포함할 수 있다. 5점 척도를 가장 많이 사용하며, 중앙집중 경향을 통제하기 위해 4점 척도로 제작하기도 한다. 평정척도는 각 점 간의 거리가 개인마다 다를 수 있어서 서열척도이지만 사회과학 통계에서는 등간척도로 간주하여 평균, 표준편차 등을 산출하여 통계분석을 한다.

어떤 검사의 경우는 하위요인이 다수 존재한다. 예를 들어, 체력이라 했을 때 하위요인으로 지구력, 순발력, 근력 등이 존재하는 것과 같다. 한 검사의 하위요인이 3~4가지면 적당하나 8~9가지로 늘어나면 문항 수도 많아지고, 통계처리와 결과해석이 산만하고 번거로워질 수 있다. 문항 수가 많아지면 대상자가 힘들어할 수 있고, 문항 수가 적어지면 신뢰도를 확보하기 힘들다. 최근 관련 연구에서 사용하여 검증되고 수정된 측정도구를 사용하면 좋다.

2. 척도(scale)의 종류

측정은 현상에 숫자를 부여하는 과정이다. 숫자를 연구대상의 어떤 특징에 따라 부여하는데, 그 부여방법을 척도(scale)라고 한다. 척도의 종류에 따라 처리할 수 있는 통계방법의 종류가 달라진다. 예를 들어, 남자는 1, 여자는 2로 두었을 때 남자 10명과 여자 20명으로 구성된 집단의 평균을 산출하면 1.67이 되는데, 성별이 1.67이니까 여자 쪽에 가까운 남자라고 결론 내리면 이상하다. 따라서 숫자가 가지는 의미에 따라 분류할 필요가 있다.

사회과학, 심리학에서 보고자 하는 변인은 자나 저울 같은 물리적 측정도구를 사용하는 것이 불가능하므로 '조작적 정의'라는 과정을 거친다. 예를 들어, 지능의 측정은 어휘, 공간지각, 수리능력 문제를 푼 점수로 하자는 것은 지적 능력 전반을 측정할 방법을 특정 검사점수로 새롭게 정의한 것이다. 아동연구에 있어서 분석하고자 하는 변인이 어떠한 척도인지 알아야 그에 적합한 통계분석방법을 사용하게 된다.

1) 명명척도(nominal scale)

측정대상의 구별을 위해 숫자를 부여한 척도. 위에서 예를 들었듯이 남자는 1, 여자는 2로 두었다고 해서 1과 2의 숫자 크기가 의미를 가지는 것은 아니다.

주로 연구대상을 집단으로 나눌 때 사용하는 일반적 배경(성별, 연령, 학력, 자녀유무, 자격증 종류, 사는 지역, 연구집단, 실험집단)에 사용된다. 또는 실태조사(예 여가에 무엇을 하고 지내십니까?, 교사의 자질 중 가장 중요하다고 생각하는 것은 무엇입니까?)에 사용한다.

어느 범주에 몇 명이 속해 있는지 빈도분석을 할 수 있고, 여러 집단에 속한 빈도가 유의미한 차이인지 카이제곱검증을 할 수 있다.

2) 서열척도(ordinal scale)

측정대상의 정도에 따라 숫자를 부여한 척도. 100m 달리기를 했을 때, 1등, 2등이라고 부여하는 것이다. 과일을 좋아하는 순서대로 배치했을 때, 포도 1, 사과 2, 배 3, 귤 4라고 응답하게 되면 이것은 서열이 있지만 포도와 사과를 좋아하는 정도의 차이와 사과와 배를 좋아하는 정도의 차이가 같지 않으므로 다만 서열의 차이만 존재한다. 중학교에서 키 순서대로 번호를 매긴 것, 성적 석차도 마찬가지이다. 그런 의미에서 리커트 척도도 '아주 동의함'과 '동의함'의 간격과 '동의함'과 '중립'의 간격이 다를 수 있으므로 엄밀히 말하면 서열척도이다. 다만, 사회과학, 심리학, 교육학에서와 같이 정의적 측면의 측정은 물리적 측정도구의 사용이 불가능하므로 리커트 척도나 심리검사지의 점수를 등간척도로 간주하여 통계처리한다.

3) 등간척도(interval scale)

측정대상의 속성을 숫자로 바꾸었을 때 그 숫자의 크기 간격이 동일하므로 얼마나 큰지 정도의 비교가 가능하다. 서열척도에서는 각각의 간격이 다르므로 1등이 2등보다 얼마나 잘했는지를 알 수 없다. 대표적으로 온도가 있다. 20℃와 25℃의 간격과 25℃와 30℃의 간격이 같다. 다만, 등간척도에는 절대영점이 없다. 온도 0℃는 1기압에서 물이 어는점이지 온도라는 속성 자체가 사라지는 점이 아니다.

일반적으로 시험점수, 검사점수를 등간척도로 간주한다. 수학시험 30점, 60점, 70점인 사람이 있을 때, 60점이 30점보다 두 배 잘했다는 것은 아니지만 30점 사람보다 70점과의 거리가 더 가깝다는 정보를 포함하고 있다. 달리기 1등, 2등, 3등은 서열척도인데, 2등이 1등과 가까운지, 3등과 가까운지 정보를 포함하고 있지 않다. 또한, 수학시험 0점이라 해서 수학실력이라는 속성이 없는 것은 아니므로 비율척도로 보지 않고 등간척도로 보는 것이다.

우리가 일반적으로 사용하는 평균, 표준편차를 이용한 차이 검증, 상관, 회귀분석 등 통계기법을 사용할 수 있다.

4) 비율척도(ratio scale)

측정대상을 측정하였을 때 그 숫자는 정도의 간격이 동일하며, 그 숫자가 0일 경우 그 속성이 아예 없는 절대영점을 가지는 척도이다. 길이, 무게처럼 물리적 속성과 같이 모든 통계기법의 적용이 가능한 이상적인 척도이다.

참고로, 통계처리 프로그램에서 등간, 비율척도를 연속변수(continuous)로 구분한 경우도 있다. 일반적으로는 컴퓨터가 자동으로 구분하나 특별한 경우 수동설정해 주어야 할 때가 있다.

3. 분석방법 결정

아동연구에 있어서 연구문제를 제대로 선정하는 것은 매우 중요한 일이다. 왜냐하면 연구문제에서 변수명, 분석방법이 명확히 규정되기 때문이다. 연구문제의 형태로 진술되기 전의 의문은 대략 다음과 같은 형태를 가지게 된다.

1) 아동의 특성이 다른 아동에 비해 어떤지

발달검사 등 표준화검사를 통해 해당 연령대의 평균적인 아동의 수준과 비교할 수 있다. 혹은 연구대상 집단과 비교하는 집단 간 수준을 분석할 수 있다.

예 ○○지역 아동의 지능과 발달현황

2) 교육목표 달성여부 혹은 교육방법의 성과 측정

교육목표를 포함한 검사지와 미리 정한 성취수준을 통해 목표 달성 여부를 알 수 있다. 집단을 나누어 집단 간 비교가 가능한데, 특정 교육방법이 더 높은 성취도를 달성한다면 교육방법을 개선하는 결정에 참고자료로 사용할 수 있다. 실험연구의 전형적인 예이다.

예 Montessori 프로그램과 일반유치원 프로그램의 효과 비교연구(김승업, 2001)

3) 현재 상태 혹은 필요, 요구의 현황

교사, 부모, 아동의 현재 상태를 파악하는 심리검사를 하거나, 요구하는 내용에 대해 많은 사람의 의견을 모을 수 있다. 현장에 관한 자료 조사 등 기초 연구에 많이 쓰이나, 이론적 배경이 얕으면 앙케트(enquête) 조사에 그칠 수 있다.

예 유치원교사의 원격연수 현황 및 요구도 조사(강한나, 2004)

중국 유아교육기관에 대한 학부모 요구(주적(朱迪), 2019)
공·사립 유치원 간 협력에 대한 교원의 인식 및 요구도 조사(김사랑, 2011)

4) 대상의 특성에 따라 변인에 차이가 있는지

양적 연구방법의 전형적인 예로서, 연령, 학력, 성별 등 대상의 특성으로 집단을 나누고, 변인의 측정값을 집단별로 비교한다.

예 유아교사의 교육신념 및 역할수행에 따른 유아 발달수준의 차이에 관한 연구(금미정, 2002)

5) 한 변인의 증감에 따라 다른 변인의 값이 달라지는지

연속값을 가지는 측정치들이 관계를 가지고 증감할 때 그것을 '상관'이라 한다. 인과관계나 영향력의 크기를 알아보기 위해 다른 분석을 더 하기도 한다.

예 보육시설의 질적 수준에 따른 유아의 사회적 지지와 자기능력지각과의 관계(이수정, 2002)

6) 한 변인이 다른 변인에 대하여 영향을 미치는지

발달이나 학습에 영향을 미치는 변인들이 있을 때, 그 영향의 크기가 어떠한지, 혹은 변인 간의 인과관계가 어떠한지 분석할 수 있다.

예 학습자 변인이 유아의 프로젝트 학습 수행능력에 미치는 영향(신현정, 2000)

7) 검사도구 개발

심리학적 변인을 측정하기 위한 검사도구를 개발하는 데 통계기법을 활용할 수 있다. 문항의 신뢰도, 타당도 분석을 통해 검사도구가 목적하는 속성을 제대로 측정하는지, 그 측정값은 얼마나 정확한지 통계기법을 사용하여 파악할 수 있다.

예 3·4세용 유아발달검사 개발 연구(손원경, 2004)
0~3세용 가정환경자극척도(IT-HOME) 타당화를 위한 기초 연구(김미진, 2011)

연구 제목에 나타난 분석방법

양적 연구에서는 연구 제목에 '효과', '관계', '영향' 등의 단어로 연구에 사용된 분석방법을 나타낸다.

- 효과: 한 집단의 사전 사후, 두 집단 간, 셋 이상 집단 간 평균의 차이 검증
- 관계: 두 연속변인의 값 변화에 대한 상관분석
- 영향: 한 변인이 다른 변인에 몇 퍼센트 영향력이 있는지 회귀분석

별표(유의도) *, **, *** 로 나타내며, 각각 $p < .05$, $p < .01$, $p < .001$

변수에 따른 평균 차이 분석방법

<table>
<tr><th>독립변수</th><th>종속변수</th><th>차이검증방법</th><th>집단</th><th>분석방법</th></tr>
<tr><td rowspan="3">1개(범주 2)
(어린이집/유치원)</td><td rowspan="2">연속(양적)</td><td rowspan="2">t검증</td><td>2집단</td><td>독립표본t검증</td></tr>
<tr><td>1집단 사전사후</td><td>대응표본t검증</td></tr>
<tr><td>불연속(빈도)</td><td colspan="3">χ^2검증</td></tr>
<tr><td>1개(범주 3 이상)
(연령 4, 5, 6세)</td><td colspan="2">일원변량분석
=일원분산분석
=일원배치분산분석
=one way ANOVA
=F검증</td><td colspan="2">ANOVA=ANalysis Of VAriance between groups</td></tr>
<tr><td>2개(성과 연령)</td><td>연속</td><td colspan="3">이원변량분석
=two way ANOVA
=일반선형모형</td></tr>
<tr><td>3 이상</td><td>다수</td><td colspan="3">다변량분석
=MANOVA(multivariate~)</td></tr>
</table>

4. 통계처리 프로그램

통계처리는 복잡한 공식과 많은 숫자를 계산하는 일이지만, GUI가 발달하면서 마우스 클릭만 하면 분석결과를 얻을 수 있게 되었다. 통계의 원리나 공식을 모르면서도 분석을 해내기 때문에 결과와 해석에 있어서 겸손할 필요가 있다. 교육학에서 사용하는 프로그램으로 대표적인 것들을 간략히 소개하면 다음과 같다.

1) SPSS

Statistical Package for the Social Sciences의 첫 글자를 딴 프로그램으로, 사회과학을 위한 통계프로그램의 대표주자이다. 회사는 IBM에 인수되어 IBM SPSS로 불리며, 2023년 현재 29버전을 사용할 수 있다.

- **장점**: 통계에 필요한 기능이 보조계산기능까지 충실히 갖추어져 있다. 한글화되어있고, 참고도서나 사이트도 많다. AMOS라는 통계패키지와 함께 사용하면 더 고급의 통계분석도 사용 가능하다.
- **단점**: 1년 단위로 라이선스(license)를 갱신해야 하는데 무척 비싸다. 아래 사이트에서 30일 체험판을 받을 수 있다. 2017년부터 월 10만 원대로 구독하는 방법도 제공한다.

https://www.ibm.com/kr-ko/analytics/spss-trials

IBM
분석 제품 솔루션 학습 자세히 보기
IBM SPSS 체험판
지금 IBM SPSS를 무료로 사용해 보세요. IBM SPSS 소프트웨어는 향상된 기술을 사용하기 쉬운 패키지로 제공하여 새로운 기회를 발견하고, 효율성을 높이며, 리스크를 최소화할 수 있습니다.
SPSS Statistics 무료 체험하기
SPSS Modeler 무료 체험하기
사용 가능한 교육용 에디션
개요
제품 체험판
리소스
제품 사용 또는 구매에 어려움이 있으신가요?
지원 가이드 바로가기
결과 예측 및 인사이트를 기반으로 조치
IBM SPSS 예측 분석 제품은 통합하기 쉬운 개방형 기술 플랫폼에서 제공됩니다.
제품 체험판 및 둘러보기
IBM SPSS Statistics
IBM SPSS Modeler
IBM Watson Studio Desktop
IBM SPSS Amos
무료 체험판 시작하기
무료 제품 둘러보기
리소스
SPSS Statistics Tech Talks
선형 회귀
로지스틱 회귀분석
여기에서 등록
자세히 보기
SPSS Statistics 28의 신규 기능과 개선된 기능에 대해 알아봅니다.
블로그 읽기

2) jamovi(자모비)

무료 공개 소프트웨어로, 누구나 통계분석을 개발하고 사용할 수 있도록 제작되었다. 클라우드를 통해 웹브라우저상에서 분석할 수도 있고, 데스크톱에 설치하여 사용할 수도 있다. 데스크톱은 2023년 현재 2.3.28버전을 사용할 수 있다.

https://www.jamovi.org/download.html

- **장점**: 무료이며, 분석결과를 논문에 바로 붙여넣기 할 수 있는 형태로 보여준다.
- **단점**: 용량이 크고, 컴퓨터 사양이 낮으면 출력결과가 느리다. 데이터 변환이 까다롭다.

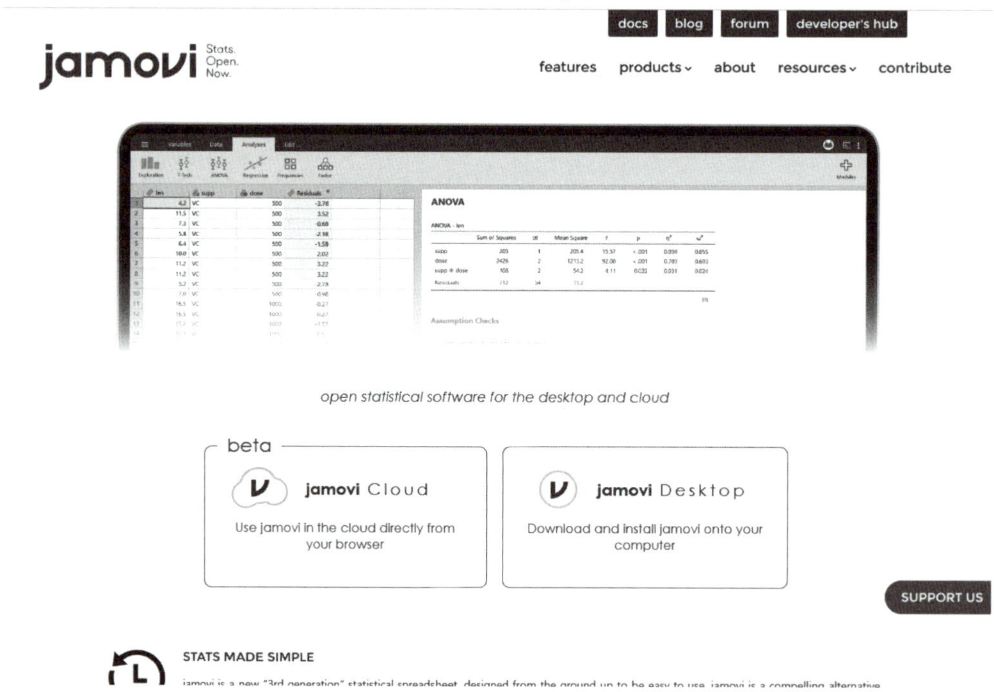

자모비 실행화면

데이터에 한글이 있는 것은 깨지지 않고 인식되며, 엑셀에서 입력한 것을 호환해서 사용할 수 있다. 분석결과는 화면 오른쪽에 출력되며, 그대로 복사하여 다른 프로그램에 붙여넣기가 가능하다.

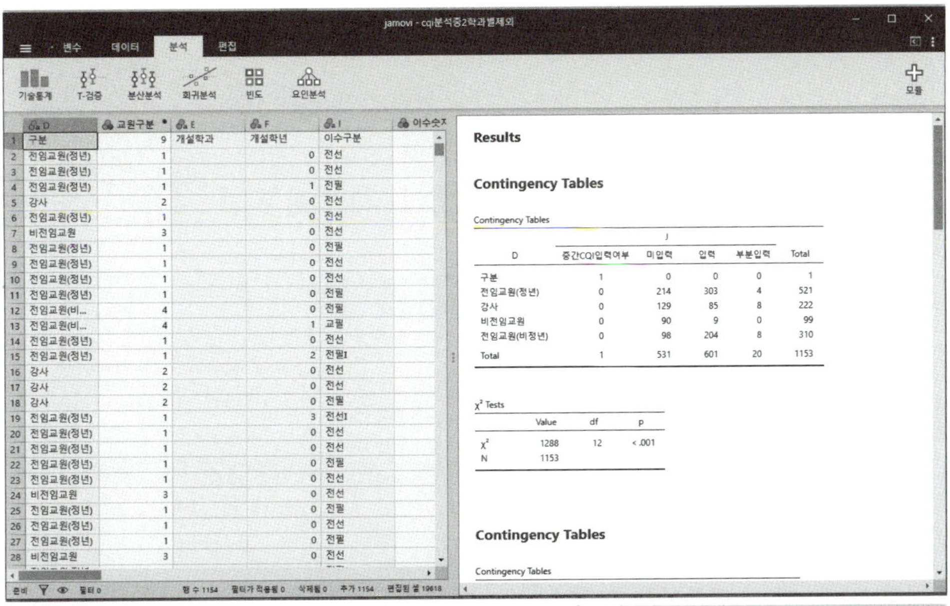

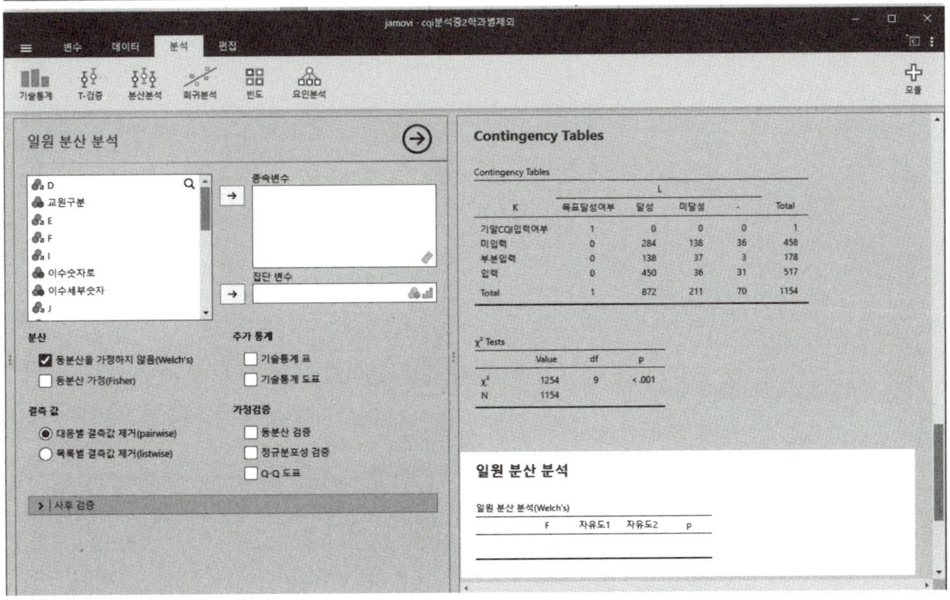

3) PSPP

Richard Stallman에 의해 시작된 무료 프로그램 프로젝트의 일환으로, SPSS와 기능 및 인터페이스가 아주 흡사하고 호환도 잘 된다. 2023년 현재 2.0.0이 출시되었으며, windows에서는 1.6.2버전을 사용할 수 있다.

https://www.gnu.org/software/pspp/get.html

- **장점**: 무료이며, SPSS와 인터페이스가 유사하여 강좌나 해설서를 그대로 사용할 수 있다. 결과창에서 명령문을 보여주므로 조건을 바꾸어 분석하기 쉽다.
- **단점**: 한글화가 되지 않았다. 데이터의 한글은 깨지지 않고 읽을 수 있으나 한글 설명을 붙이려 하면 오류가 나기도 한다. 팝업창이 자꾸 커지거나, 한글파일명을 읽지 못하거나, 오류가 나서 꺼지는 등 안정화 문제가 있다.

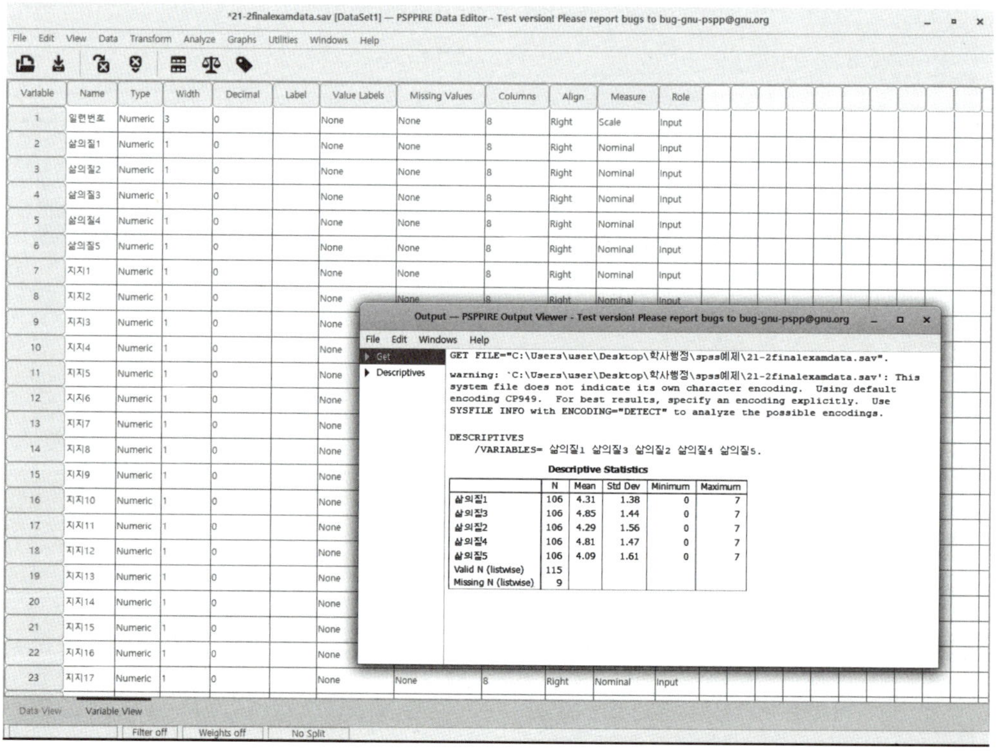

4) DataIN

오픈소스인 R의 분석 패키지를 이용하여 만든 웹 기반 분석 프로그램으로, 데이터를 넣으면 분석뿐 아니라 표를 그리고, 해석하고, 보고서 형식으로 저장까지 가능하다.

https://www.datain.co.kr/guide/html/info.html

- 장점: 설문지 제작부터 통계처리 및 결과해석까지 일괄적으로 가능한 국산 사이트이다. 사회과학의 모든 분석을 지원한다.

유튜브에서 강좌도 제공하고 있다.

← **유튜브 데이터인 강좌 채널**

https://www.youtube.com/playlist?list=PLLMpKVpzDNVwZvaNwrlHzlhlGtHmndLy3

- 단점: 유료이지만 대학원생의 경우 1건/1년의 라이선스가 25만 원, 건수 무제한은 6개월 45만 원, 1년 60만 원으로 다른 통계프로그램이나 통계대행에 비하면 월등히 저렴하다.

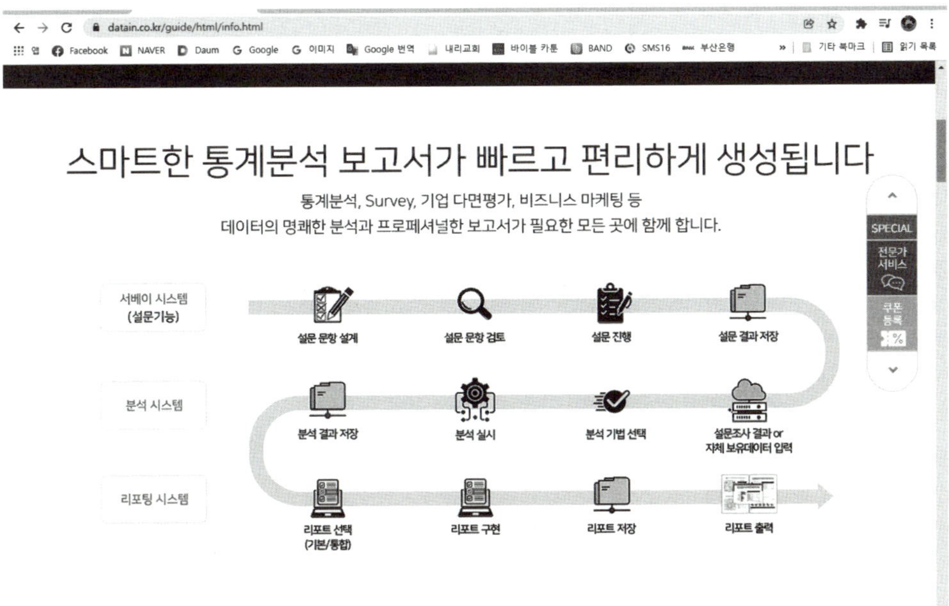

5) eStat

숭실대 정보통계보험수리학과 이정진 교수가 통계교육용으로 개발한 프로그램이다. 웹페이지에서 구현되는 통계분석으로, 직관적으로 사용할 수 있다.

http://www.estat.me/estat/eStat/

- 장점: 엑셀과 호환되는 csv 파일을 사용한다. 그래프를 바로 그려주며, 그래프를 png 파일로 저장할 수 있다.
- 단점: 기본적인 통계지식이 어느 정도 있어야 분석 버튼을 이해할 수 있고, 그래프를 해석할 수 있다. 표를 논문에 붙이려면 html 변환을 해야 한다.

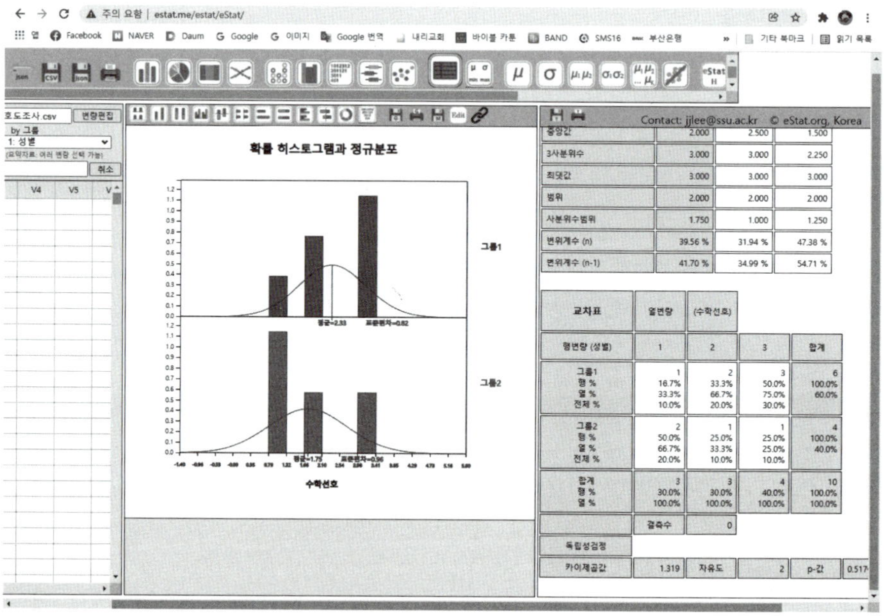

※ 본서에서는 무료로 다운받아 사용할 수 있는 PSPP 프로그램으로 해설하고 있지만, PSPP로 불가능한 특정 분석은 SPSS를 활용하였다. 유튜브에 SPSS나 jamovi 통계강좌는 많으므로 참조할 수 있다. 사회과학 통계분석을 위한 다른 프로그램으로는 AMOS, SAS, R 등이 사용되고 있다.

03
CHAPTER

연구대상의 표집

따라하는
양적연구방법

1. 표집

바닷물을 다 마셔보고 짜다고 하지는 않는다. 바닷물을 한 컵만 떠 마셔도 짜다. 컵 안에도 바닷물의 속성이 나타나기 때문이다. 우리가 하는 통계는 전집(universe)이나 모집단(population)을 대상으로 하는 것이 아니라 표본(sample)을 추출하여 진행하는 것이다. 따라서 모집단의 속성을 반영할 수 있는, 혹은 모집단에서 보고자 하는 특성을 나타내는 표본을 잘 추출해야 한다. 이 과정을 표집(sampling)이라고 한다. 표본으로 모집단의 특성을 추정하는 통계를 추리통계라 한다.

예 1 대통령선거를 앞두고 여론조사를 많이 인용한다. 많은 사람들은 여론조사 전화를 받기 귀찮아한다. 특히나 생계에 바쁜 사람들은 전화여론조사를 놓칠 수도 있다. 경제활동인구 중 여론조사 전화에 응대한 인원만이 표본이라면 전화여론조사 결과를 과연 얼마나 믿을 수 있을 것인가?

예 2 1991년 LA에서 로드니 킹 사건이 일어났는데, 재판은 도시 외곽인 시미 밸리에서 진행되었다. 미국에서는 지역 인종 비율에 따라 배심원단을 구성하는데, 시미 밸리의 배심원단은 10명의 백인, 1명의 히스패닉과 1명의 아시아인으로 구성되었다. 이 판결 이후 3개월 동안 방화, 약탈, 총격전이 있었다.

예 3 2022년 대통령선거에서 출구조사는 박빙의 승부예측에 꽤 정확했다는 평이 있다. 330개 투표소에서 출구로 나오는 매 5번째 투표자를 등간격으로 조사하는 체계적 추출(Systemic Sampling)방법을 사용했고, 표본은 73,297명이었다.

1) 표집오차

표집은 모집단을 잘 대표해야 하지만 표본이기 때문에 모집단과 다를 수밖에 없다. 이 차이를 표집오차(sampling error)라고 한다. 표집오차를 줄이기 위해 2가지 방법을 일반적으로 사용한다.

첫째, 모집단을 명확히 규정해야 한다. '우리나라 유아의 놀이실태'를 조사한다고 하면 전국의 0~8세 유아가 모집단이 될 것이다. '부산지역 어린이집 유아'라고 한다면 여전히 큰 집단이지만 보다 구체적이다. 부산의 1년 평균 출생아 수가 1만 명 정도이며, 어린이집에 다니는 비율이 약 80%임을 고려할 때[1] 모집단은 8만 명에 가깝다.

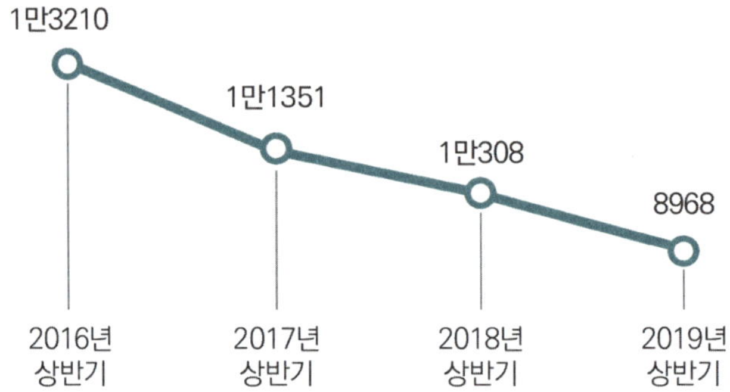

부산 출생아 수 추이(단위: 명, 자료: 통계청)

둘째, 표본(n)이 가능한 한 커야 한다. 표본이 모집단에 가까울수록 표집오차는 줄어들겠지만 비용과 시간은 급상승하게 된다. 효율을 버리고 모집단을 조사하는 것도 바람직하지는 않다. 표본이 모집단에서 보고자 하는 특성을 잘 대표하도록 표집방법을 설계하면 표본집단이 모집단의 특성을 충분히 반영할 수 있다. 또한, 통계적으로 n이 어느 정도 크면 정상분포를 따르는 경향이 있는데, 보통 100명을 그 기준으로 본다. 실제 연구에서는 회수율과 하위집단의 수를 고려할 때 n수를 400 전후로 설정하고 있다.

통계조사를 위해 샘플 크기를 계산하는 공식이 있고, 모집단, 신뢰수준(보통 95%), 오차한계(보통 5%)를 입력하면 샘플을 얼마로 할지 계산해 주는 사이트가 있다.

https://www.nownsurvey.com/calculator/

1) 이진숙(2020). 2020 부산여성가족통계연보. 부산여성가족개발원 연구보고서 2020-19.

2) 표집방법

표집방법은 크게 확률적 표집(probability sampling)과 비확률적 표집(non-probability sampling)으로 나뉜다. 확률적 표집은 모집단에서 모든 구성원이 표집될 확률이 동일하도록 표집하는 방법이다. 모집단의 리스트를 활용하여 그 가정을 만족하게 한다.

비확률적 표집은 구성원의 표집될 확률이 다른데도 모집단의 특성을 나타내기 위해, 특정 집단을 포함해야 하는 연구목적에 의해, 혹은 연구비용과 시간의 한계에 의해 사용하는 표집방법이다.

① 단순무선표집(simple random sampling, SRS)

확률적 표집 중 가장 기본으로, 난수표를 사용하여 모집단 리스트의 해당 순서를 표집하거나, 표집 소프트웨어를 활용하여 표집한다.

② 체계적 표집(systematic sampling)

모집단 리스트에서 무작위로 한 출발점을 선택한 후 (모집단 수÷표본 수)에 따라 n번째 표본을 표집한다.

③ 유층표집(stratified sampling)

층화표집이라고도 하며, 모집단을 연구문제와 관련된 하위집단으로 나누어 그 하위집단별로 표집하는 방법이다. 성별 관련 연구를 할 때, 모집단을 성별로 나누고, 그 하위집단에서 각각 표집한다. 단, 앞에 나왔던 로드니킹 사건의 배심원단처럼 모집단 내 구성비율에 맞춰 표집하는 경우도 있고, 혹은 필요한 수만큼 하위집단 각각에서 표집하는 경우도 있다.

④ 군집표집(cluster sampling)

집락표집이라고도 하며, 자연적으로 형성된 집단을 표집하고, 그 안에서 개인을 표집하는 방법이다. 예를 들면, 부산의 유치원 만 5세 400명을 표집한다고 할 때, 부산의 유치원 전체에 공문을 보내 그 중 400명을 추리기보다 유치원 목록에서 20 유치원을 무선표집하여 해당 유치원에서 20명씩을 표집하는 방법이다.

이상은 대표적인 확률적 표집방법이며, 아래는 비확률적 표집방법이다.

⑤ 할당표집(quota sampling)

비확률적 표집으로, 표본수를 범주별로 미리 정해놓고 표집한다. 유층표집과 차이는 모집단 목록에서 출발하지 않고 표본수가 출발점이라는 점이다. 여론조사 뉴스를 보면, 지역별, 연령별 인원이 고르게 표집된 것은 할당표집이기 때문이다.

⑥ 의도적 표집(purposive sampling)

비확률적 표집으로, 연구의 목적에 부합하는, 혹은 연구에서 정보를 가장 잘 얻을 수 있는 대상을 표집하는 방법이다. 특정 질환을 앓고 있거나, 도덕적으로 민감한 문제, 극단적 사례 등 특정 주제나 질적 연구방법에서 사용할 수는 있으나 모집단을 추정하는 추리통계에서는 일반화하기에 무리가 많이 따른다.

⑦ 우연적 표집(accidental sampling)

비확률적 표집으로, 편의표집(convenience sampling), 임의표집, 우발적 표집(haphazard sampling)이라고도 한다. 아는 사람을 통해 연구대상을 확보하는 경우가 이에 해당되며, 가장 쉽고 편리한 방법이지만 추리통계에서 일반화하기에 가장 제한이 많다. 특정 지역이나 계층에 속하여 있으므로 표집에서 이미 모집단 대표성을 보장할 수 없다.

2. 설문 작성

양적 연구의 데이터를 수집하기 위해 관찰법, 체크리스트, 사회성측정법 등의 방법을 사용하여 측정할 수도 있다. 일반적으로 연구논문에 사용되는 양적연구의 데이터 수집방법 중 가장 널리 사용되는 측정방법은 설문지이다. 왜냐하면 설문지는 연구에 사용되는 심리사회적 변인을 수량화하기에 효율적이고 친숙하기 때문이다.

설문지를 작성할 때는 최소한의 분량으로 연구자가 원하는 최대한의 정보를 얻을 수 있게 해야 한다. 설문지를 설계할 때부터 연구대상자들 입장에서는 쉽고 빠르게, 끝까지 답변할 수 있도록, 연구자 입장에서는 자료 처리가 명확하고 쉽도록 고려해야 한다.

일반적으로 연구에 사용되는 설문지는 3가지로 구성된다. 첫째, 설문의 목적 소개글. 둘째, 설문대상자의 인구학적 변인. 셋째, 변인 측정척도 혹은 문항들.

1) 설문의 목적 소개글

설문지의 맨 처음에는 연구내용을 포함한 설문지의 제목을 쓴다. 제목 아래에는 아래 요소들을 한 문장씩으로 정중하게 작성한다.

① 인사말
② 설문의 목적
③ 응답은 매우 귀중한 자료이며, 연구의 목적에 큰 도움이 되니 빠짐없이 솔직하게 답해 주시기를 부탁
④ 응답에는 정답과 오답이 없음
⑤ 응답은 연구목적으로만 사용할 것
⑥ 개인의 비밀은 보장됨
⑦ 언제까지 해달라는 부탁
⑧ 감사인사
⑨ 연구자의 소속기관과 이름

소개글 혹은 설문지의 끝에 연구결과는 대략 언제쯤 출판되며, 연구결과를 받아보기 원하시는 대상자에게 연락할 방법을 기록하기도 한다.

예시 예비유아교사의 스트레스수준, 자기효능감, 여가활동에 관한 설문지[2)]

안녕하십니까?

본 설문지는 '예비유아교사의 스트레스수준, 자기효능감, 여가활동에 관한 연구'를 위한 것입니다. 문항을 잘 읽고 해당사항에 V표 해주시기 바랍니다. 답변해 주신 내용은 교육현장의 개선을 위한 소중한 자료가 될 것입니다. 응답에는 정답과 오답이 없으므로 본인의 희망사항보다는 현재 있는 그대로의 생각과 행동을 솔직하게 기록해 주시되 한 문항도 빠짐없이 기록해 주시기를 부탁드립니다. 본 설문지의 답변 내용은 오직 연구 목적으로만 사용되며, 모든 자료는 익명으로 처리될 것입니다. 설문지 작성 소요시간은 대략 15분 정도로 예상되며, 귀중한 시간을 내어주심에 대해 다시 한번 진심으로 감사드립니다. 항상 건강하시길 바랍니다.

○○대학교 유아교육과 ○○○

※ 본 설문지는 ○월 ○일까지 도착하도록 응답해 주시면 감사하겠습니다. 연구 결과를 받아보기 원하시면 설문지 끝에 이메일 주소를 남겨주십시오. 발표되는 대로 보내드리겠습니다. ○월 정도로 예상하고 있습니다.

2) 강신영(2011). 예비유아교사의 여가활동 실태와 스트레스 수준에 관한 연구. 한국보육지원학회지, 7(4), 95-118.

사람을 대상으로 설문조사를 할 때는 개인정보 제공 동의를 받아야 한다. 각 학교별로 서식을 제공하고 있다.

예시 개인정보 수집 · 이용 및 제공 동의서[3]

개인정보 수집·이용에 관한 동의

「개인정보보호법 제15조」에 근거하여 ○○○○○을 위해 다음과 같은 개인정보 및 고유식별번호를 수집·이용하는 것에 동의합니다.

■ **개인정보의 수집·이용 목적**

- ○○○○○○○

■ **수집하려는 개인정보의 항목**

- 필수항목 : ○○○○, ○○○○, ○○○○, ○○○○
- 선택항목 : ○○○○, ○○○○

■ **개인정보의 보유 및 이용 기간**

- ○○까지 또는 ○년

■ **동의를 거부할 권리 및 동의 거부에 따른 불이익의 내용**

- 정보 주체는 개인정보의 수집 및 이용에 대한 동의를 거부할 수 있으며, 동의를 거부할 경우에는 ○○○○이 제한될 수 있습니다.

※ 위와 같이 고유식별번호를 수집·이용하는 것에 동의합니다.
(□ 동의함 □ 동의하지 않음)
※ 위와 같이 필수항목 개인정보를 수집·이용하는 것에 동의합니다.
(□ 동의함 □ 동의하지 않음)
※ 위와 같이 선택항목 개인정보를 수집·이용하는 것에 동의합니다.
(□ 동의함 □ 동의하지 않음)

---

3) 고신대학교 개인정보 수집 및 제3자 제공 동의서 서식 (http://depart.kosin.ac.kr/secu/bbs/board.php?bo_table=secu_data1&wr_id=3&sst=wr_datetime&sod=asc&sop=and&page=1)

개인정보 제3자 정보 제공 동의서

○○○○을 위해 개인정보가 ○○○○○에 제공되며, ○○○○는 ○○○○○ 외의 목적으로 개인정보를 활용하지 않습니다.

■ **개인정보를 제공받는 자**

- ○○○○○

■ **개인정보를 제공받는 자의 이용 목적**

- ○○○○○

■ **제공하는 개인정보의 항목**

- ○○○○, ○○○○, ○○○○, ○○○○

■ **개인정보를 제공받는 자의 개인정보 보유 및 이용기간**

- ○○까지 또는 ○년

■ **동의를 거부할 권리 및 동의 거부에 따른 불이익의 내용**

- 정보주체는 본 개인정보의 제3자 제공에 대해 동의를 거부할 수 있습니다. 단, 동의를 거부하는 경우 ○○에 ○○할 수 없습니다.

※ 위와 같이 고유식별번호를 제3자에게 제공하는 것에 동의합니다.
(□ 동의함 □ 동의하지 않음)

※ 위와 같이 개인정보를 제3자에게 제공하는 것에 동의합니다.
(□ 동의함 □ 동의하지 않음)

20 년 월 일

성 명 (인)

2) 설문 대상의 인구학적 변인

일반적으로 설문지의 앞부분은 인구학적 변인을 묻는 질문(주로 집단 변수로 사용되는 성별, 연령, 학년, 학력, 근무기관, 자격사항, 경력, 결혼여부, 자녀유무 등)을 하지만, 측정변인을 먼저 배치하고 나중에 개인정보를 묻는 설문지도 있다.

나이를 질문할 때도 다양한 방법이 있다.

1) 출생년도가 어떻게 됩니까?

2) 만 연령을 기입하세요.

3) 20대, 30대, 40대, 50대 이상 중 선택하시오.

만약 서술형으로 질문하였다면, 응답자에 따라 출생년도를 대답할 때 '2001년'이라고 답할 수도 있고, '2001' 또는 '01년'이라고 답할 수도 있다. 예비조사를 통해 가능한 모든 경우의 수를 줄여서 사후에 처리가 편리하도록 구체적으로 요구하는 것이 좋다.

연령을 구간별로 나눌 경우, 10년 단위로 나누게 되면 어느 연령대는 압도적으로 많아지기도 한다. 맨 끝 구간은 '50대 이상'이라고 범위를 개방하는 것이 필요하다. 연구의 목적이나 자료처리계획에 따라 응답을 순서대로 배치한 뒤 앞에서부터 25%씩 균일하게 나눌 수도 있다.

설문지를 종이에 출력하여 우편으로 보내는 방법보다 인터넷이나 모바일로 설문을 만들어 응답률을 높이는 방안도 있다. 문장을 간략하고 구체적으로 작성하여 10~15분에 설문을 완료할 수 있도록 작성하는 것이 좋다. 네이버나 구글 폼을 이용하면 쉽게 설문을 제작할 수 있다. 설문 결과는 엑셀형식으로 다운받을 수 있다. 종이설문지는 발송절차도 번거롭지만 회수하여 컴퓨터에 입력하는 절차도 번거롭다.

← 네이버 폼

(네이버–더 보기–오피스–폼)

구글 폼(구글–앱–설문지) →

설문 문항 작성 시 유의할 점

설문 문항을 작성할 때 응답자의 입장에서 불쾌하지 않도록 주의해야 하며, 통계처리를 염두에 두고 물어야 한다.

① 문항은 시험문제나 취조하듯이 하지 말고, 정중하고 간략하게 작성하되, 원하는 응답의 형태를 명확하게 알 수 있도록 한다.

예 연령은? (×) 귀하의 연령은 어떻게 됩니까? (만 세)

② 한 문항에서 묻는 내용은 하나이어야 한다.

예 차량으로 등원하는 장점은 무엇이며, 소요시간은 얼마나 예상하십니까? (×)

③ 편향을 피해야 한다. 옳아 보이는 대답, 수치스러운 대답, 편견이나 유도되는 대답을 피해야 한다.

예 나는 유아를 대할 때 독립적인 인격체로 대한다. (×)

④ 응답자에 따라 다르게 해석될 만한 표현은 피한다.

예 나는 학교에 가기 싫다고 종종 생각한 날이 대부분이다. (×)

⑤ 해석이 복잡해지는 부정의문문은 피한다.

예 나는 내 자신이 싫다고 생각한 적이 없지 않다. (×)

⑥ 여러 선택지를 고르라고 하는 것은 피하는 것이 좋다. 통계처리할 때 각각의 응답지가 각각의 문항 역할을 하도록 다중응답을 분석하는 방법이 있으나, 집단 크기가 충분히 크다면 하나만 고를 때와 결과가 거의 다르지 않은데 절차만 번거로워진다. 선택지의 숫자는 결측값을 배정할 수 있도록 9개 이내로 해야 응답자 입장에서도 고르기 수월하고, 통계처리도 쉽다. 실태조사의 경우, 선택지가 많아질 수 있으나 문헌연구와 사전조사를 통해 5~6개로 줄이는 것이 좋다. 실태조사는 주로 교차분석(카이제곱검증)을 실시하게 되는데, 응답지가 너무 많으면 기대빈도가 5 이하인 셀이 20%를 넘어 분석에 지장을 줄 수 있다.

⑦ 순위 응답도 피하는 것이 좋다. 하나만 고르는 것이 응답자 마음의 1순위이기 때문이다. 순위 응답은 통계를 어떻게 처리할 것인지, 가중치를 어떻게 줄 것인지 연구자가 복잡한 갈등에 빠지게 만든다. 예를 들면, 1, 2, 3위라는 자리를 정해 두고 답한 빈도로 집계할 것인지, 1위로 답한 것은 5점, 3위로 답한 것은 3점, 3위로 답한 것은 1점을 주어 합산한 점수를 1, 2, 3순위로 정렬할 것인지 고민할 수 있다. 경험적으로 하나만 고르는 것이 순위 응답과 크게 다르지 않은 결과를 나타내며, 전체적인 경향도 잘 드러내고 통계처리가 단순하고 명쾌하다.

⑧ 역코딩 문항에 주의한다. 5점 척도 질문에서 '항상 그렇다'에 5점을 부여한다면, 부정적 질문의 경우는 '항상 그렇다'에 1점을 부여한다. 검사도구의 성격에 따라 신뢰도 확인을 위해 반대로 채점해야 하는 문항을 넣기도 한다. 어떤 설문의 경우, 역산 문항을 두어 성의 없는 응답을 거르는 도구로 사용하기도 한다. 미리 코딩프레임에 눈에 띄도록 표시해 둔다.

⑨ 문항을 건너뛰는 분지형 질문은 가능한 피하는 것이 좋다. 설문을 작성할 때는 편리할지 모르나 코딩상황에서 문항번호에 결측이 많아지고 번거로워진다.

예 1에 응답하신 분은 6번 문항으로, 2라고 응답하신 분은 7번 문항으로 (×)

⑩ 설문지는 페이지를 줄이려고 빽빽하게 편집하기보다 여백을 충분히 두고, 평범한 글꼴을 사용한다.

⑪ 오탈자를 반드시 점검한다. 다른 사람이 소리 내어 읽으면서 찾는 방법이 유용하다.

구글폼으로 설문지 만드는 방법

1. 구글폼을 사용하려면 구글(gmail) 계정이 있어야 한다.
로그인하여 구글 드라이브를 누른다.

2. 구글 드라이브에서 설문지 – 빈 양식을 누른다.

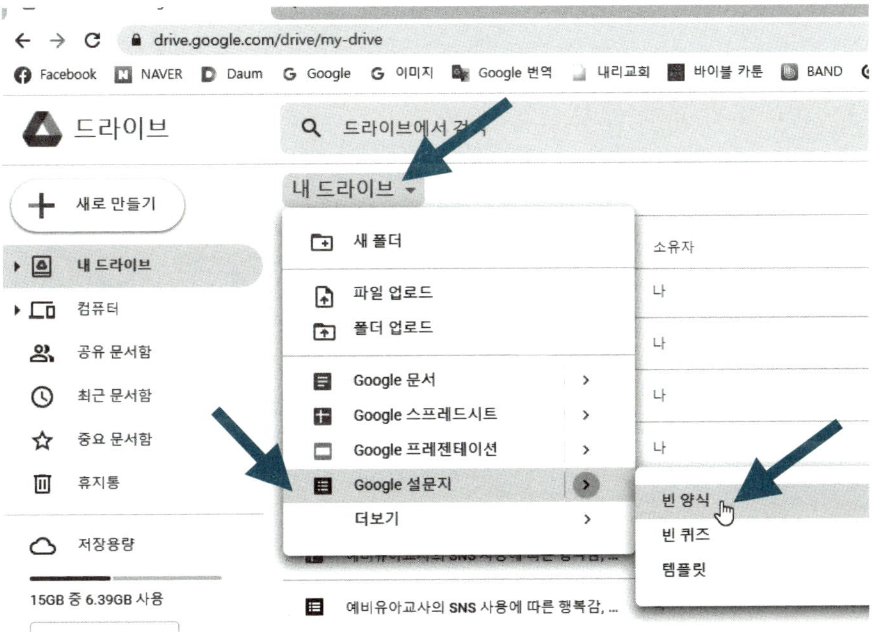

3. '제목 없는 설문지'를 누르고 설문지 제목을 입력한다.

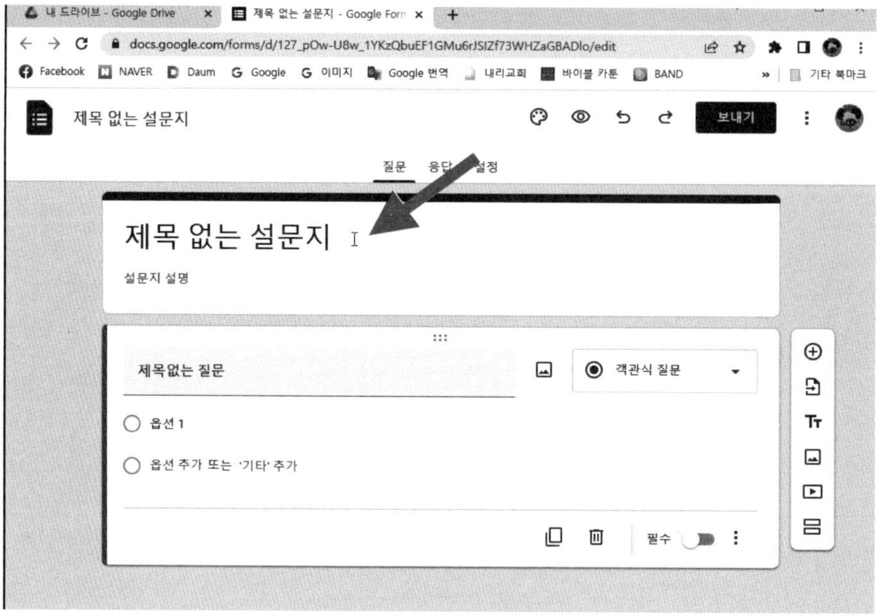

4. 설문지 설명을 입력하고 '객관식 질문' 부분을 눌러 질문형식을 선택한다. 7점 척도를 만들기 위해 '선형배율'을 선택한다.

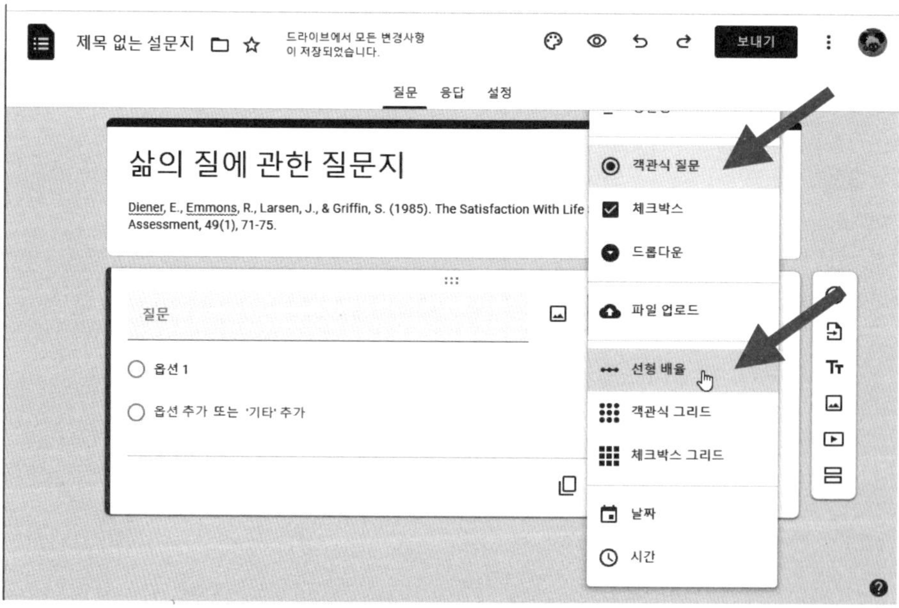

본 실습은 전체 설문지에 들어갈 하위척도를 만드는 작업이다.

5. 점수 입력란의 1~5를 1~7로 조절해 준다.
1에 해당하는 극단치 설명과 7에 해당하는 극단치 설명을 붙인다.
오른쪽 아래 '필수'를 활성화한다. 빠진 문항을 없게 하기 위함이다.

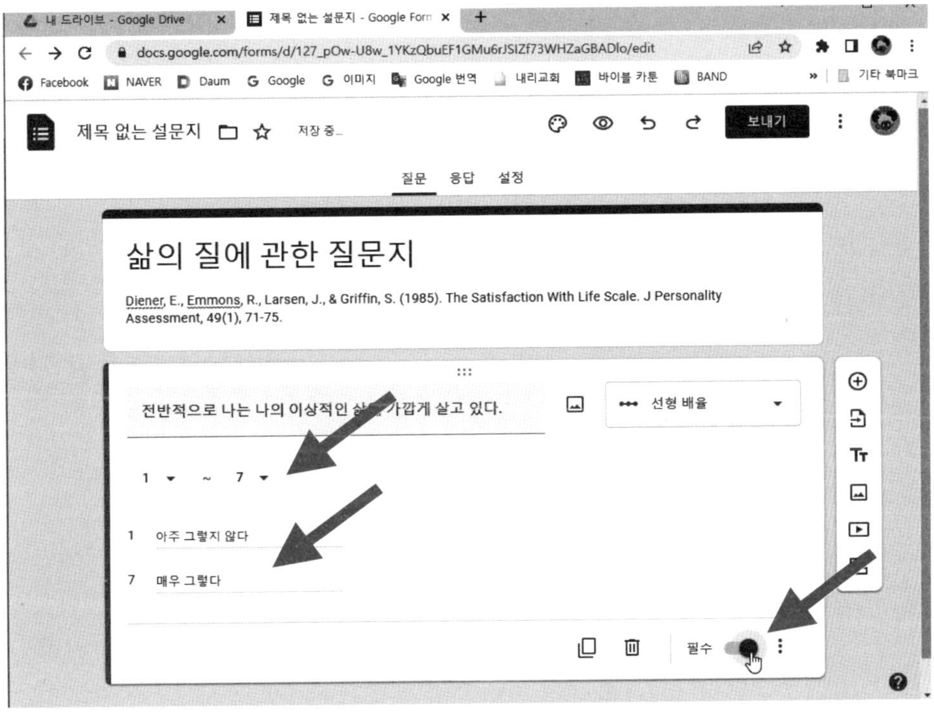

6. 아래쪽 아이콘에서 '복사'를 누르면 같은 문항이 아래 만들어진다.

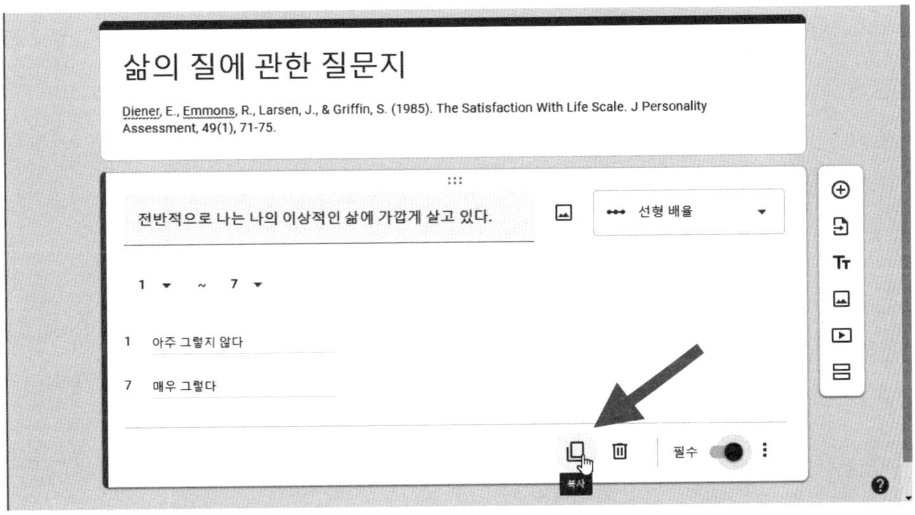

7. 윗 문항처럼 7점 선택 척도 문항이 하나 더 만들어졌으니 문항 내용만 바꿔주고 다시 '복사'를 누른다.

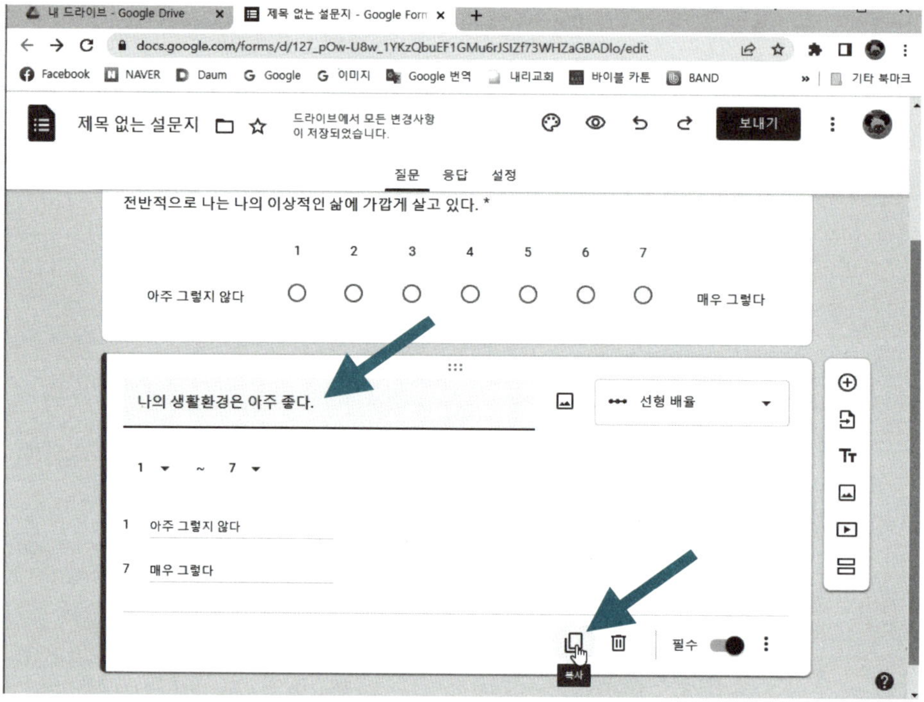

8. 하위 설문지들이 완성되면 맨 위 아이콘을 눌러 새 양식을 시작한다.

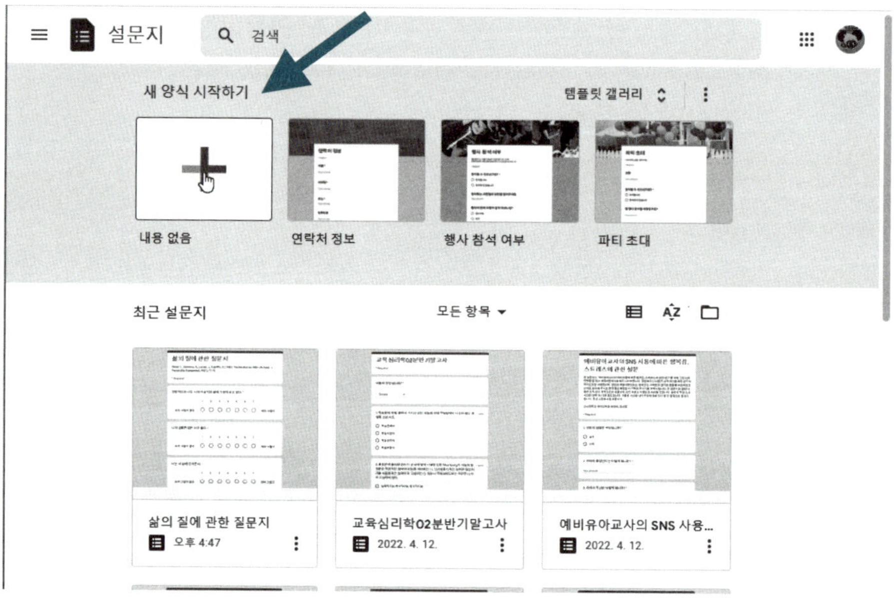

9. 하위설문을 다 포함할 전체 설문지의 제목을 적어준다.

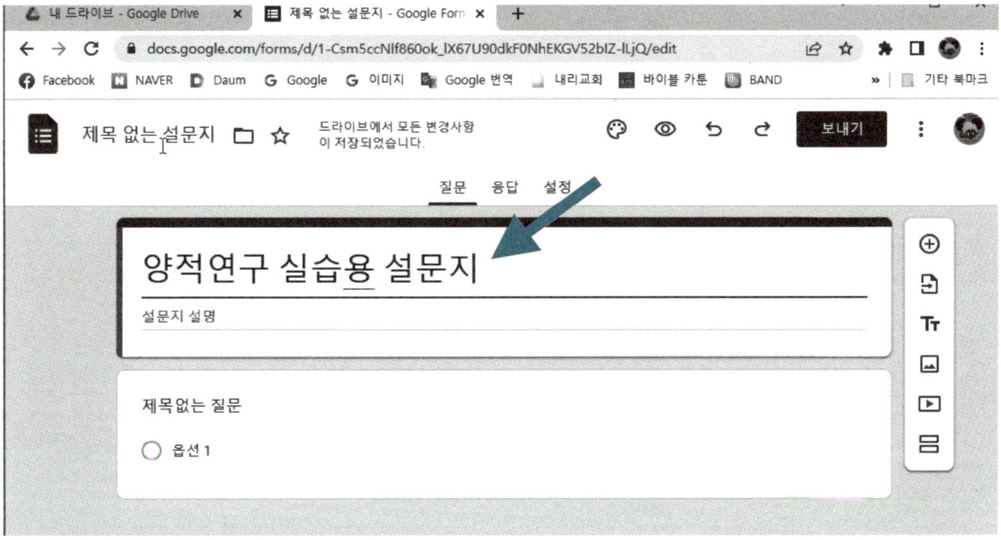

10. 설문지 제목을 입력한 후 위의 제목을 누르면 제목이 반영된다.

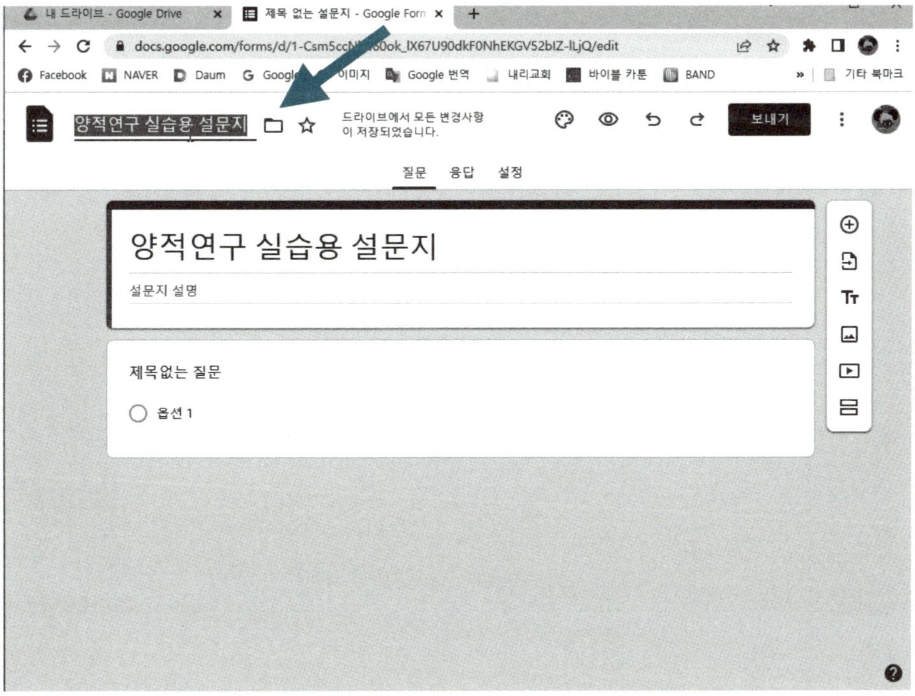

11. 첫 질문에 성별을 묻는 질문을 입력하고, 첫 선택지에 '남자'를 입력하면 '제안'이라고 하여 다음 선택지를 추천해 준다. '여자'를 선택하면 선택지에 '여자'가 생성된다.

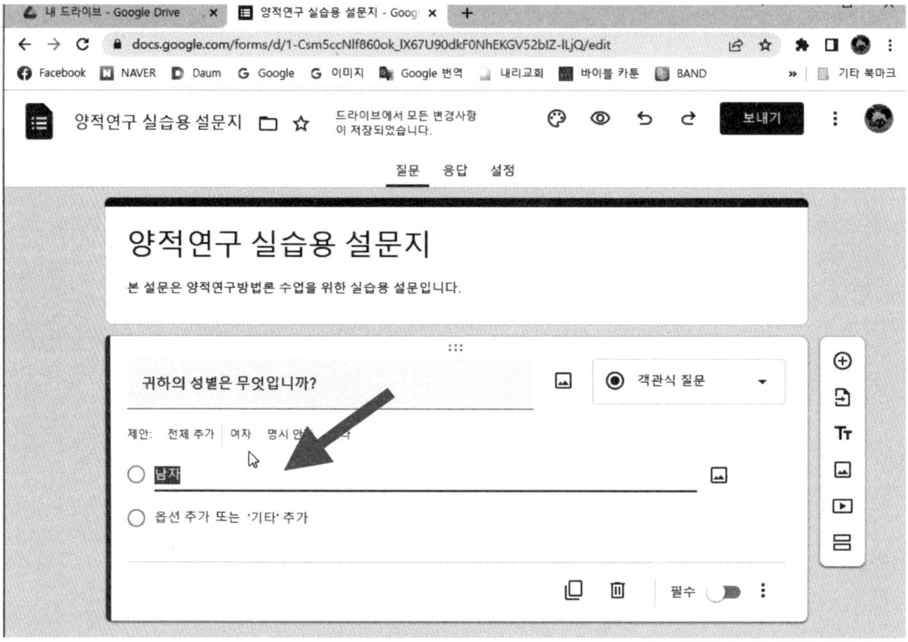

12. 오른쪽 툴바에서 '제목 및 설명추가'를 누른다.

13. "다음은 일반적 배경에 관한 질문입니다"라고 입력하고 가운데 여섯 점에 포인터를 가져가면 움직일 수 있도록 십자 포인터로 바뀐다.

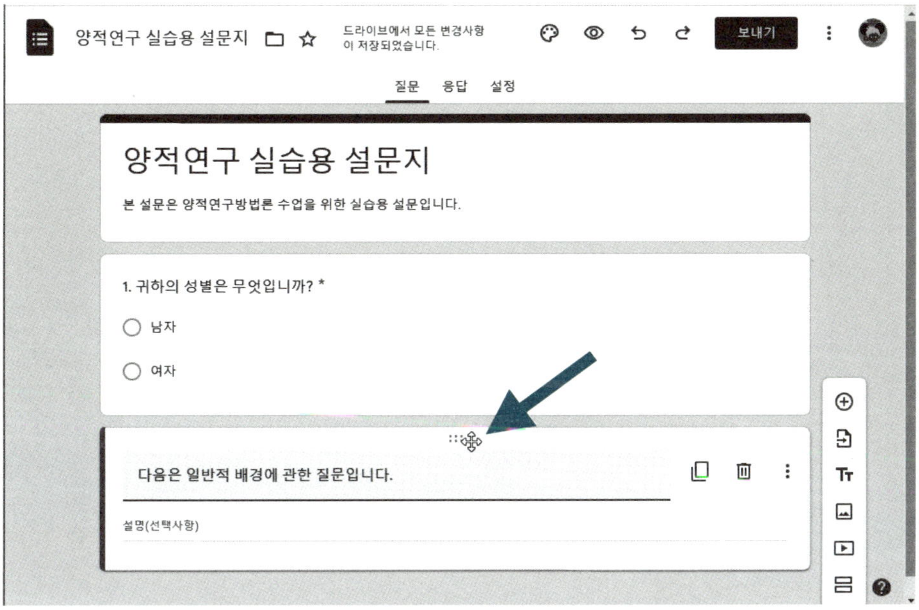

14. 문항 위로 끌어다 놓는다. 문항의 위치 이동도 동일한 요령으로 할 수 있다.

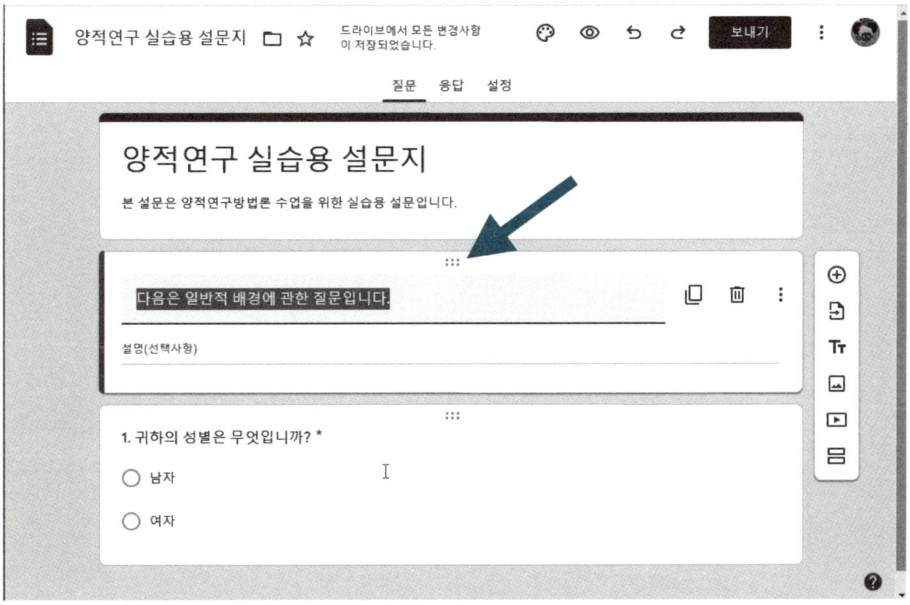

15. '질문 추가' 버튼을 이용하여 두 번째 문항을 입력한다.

16. 만 연령을 숫자로 기입하는 문항이므로 문항 종류는 '단답형'을 선택한다.

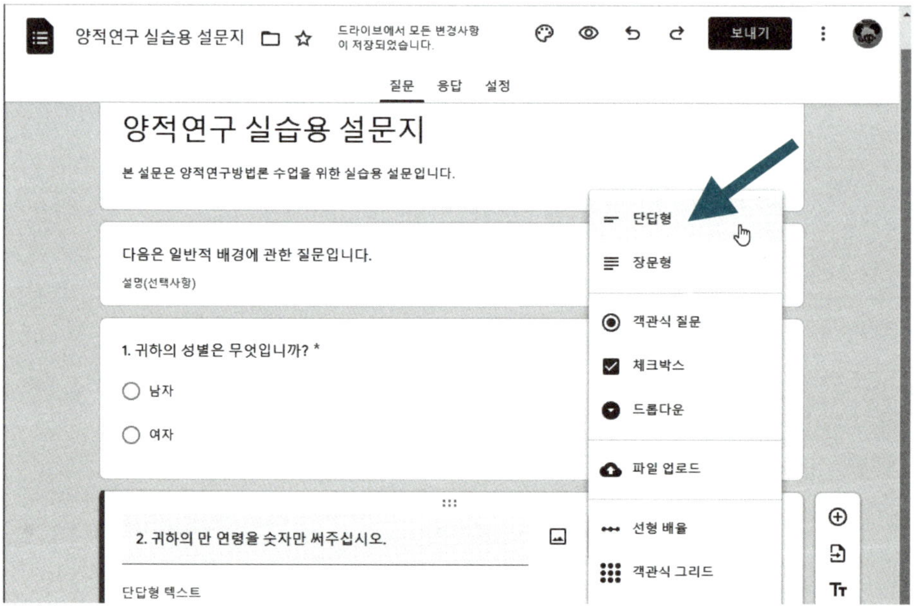

17. 같은 요령으로 지역을 묻는 문항도 작성한다.
툴바에서 '섹션 추가' 버튼을 누른다.

18. 섹션의 제목을 입력한다.
이전에 입력해 둔 척도를 붙이기 위해 툴바에서 '질문 가져오기'를 누른다.

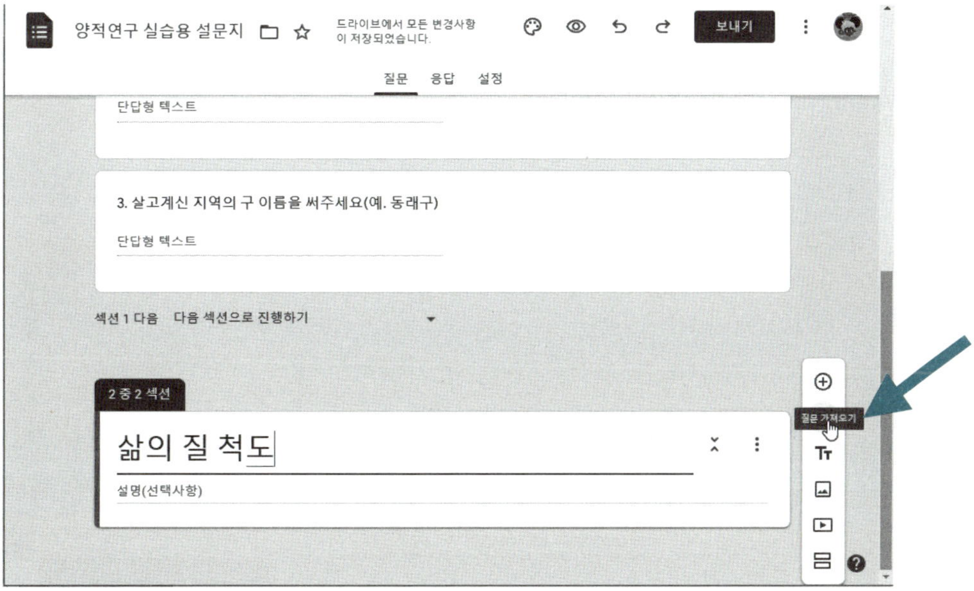

19. 이전에 만들어 두었던 '삶의 질에 관한 설문지'를 선택하고 맨 아래 '선택' 버튼을 누른다.

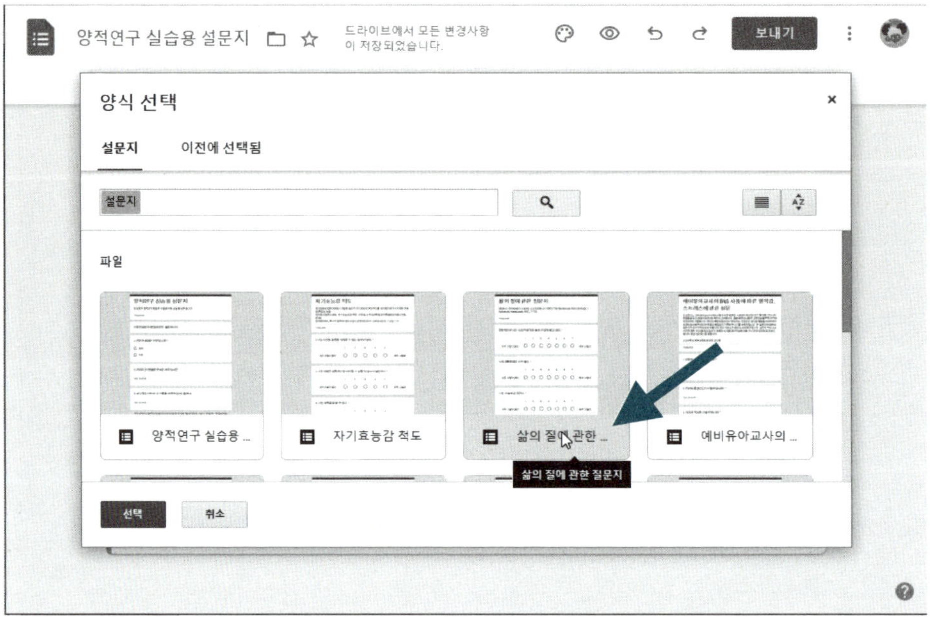

20. 가져올 문항을 선택하는데, '모두 선택'을 누르고, 맨 아래 '질문 가져오기'를 누른다.

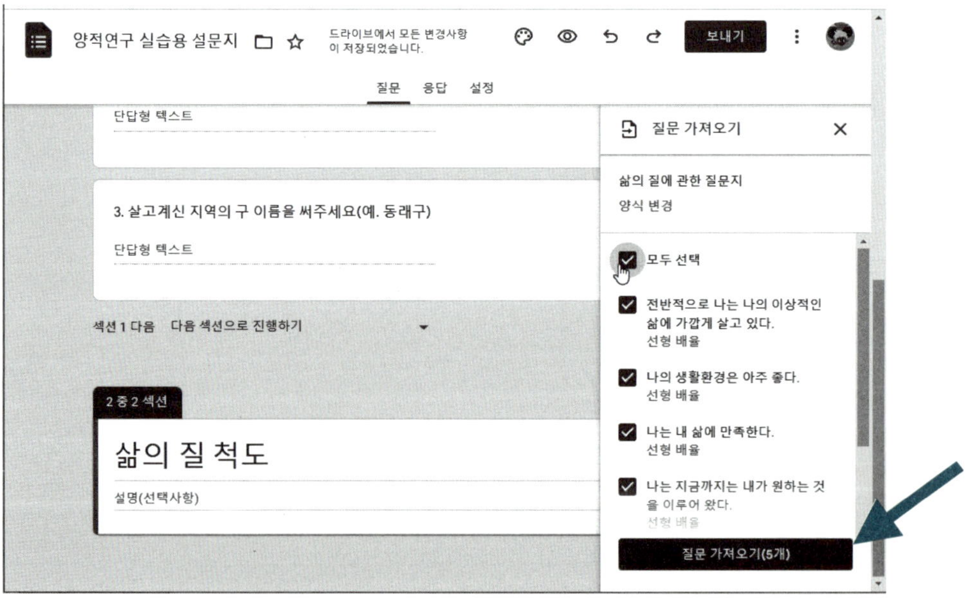

21. 이렇게 완성된 질문지에 다른 연구자와 공동작업을 하기 위해 프로필사진 옆의 점 세 개를 눌러 '공동작업자 추가'를 누른다.

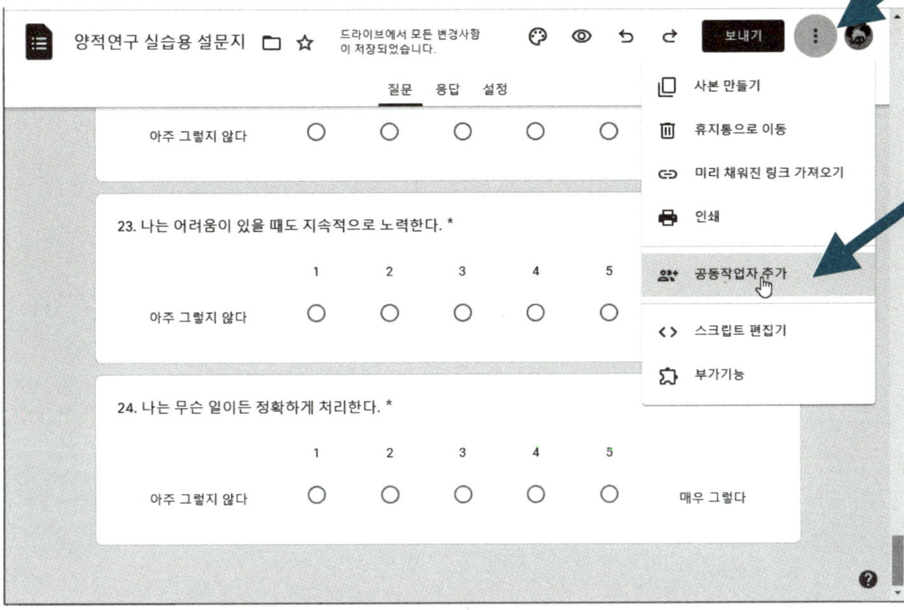

22. 공동작업자들만이 참여할 수 있는 링크를 복사해서 공유하면 된다.

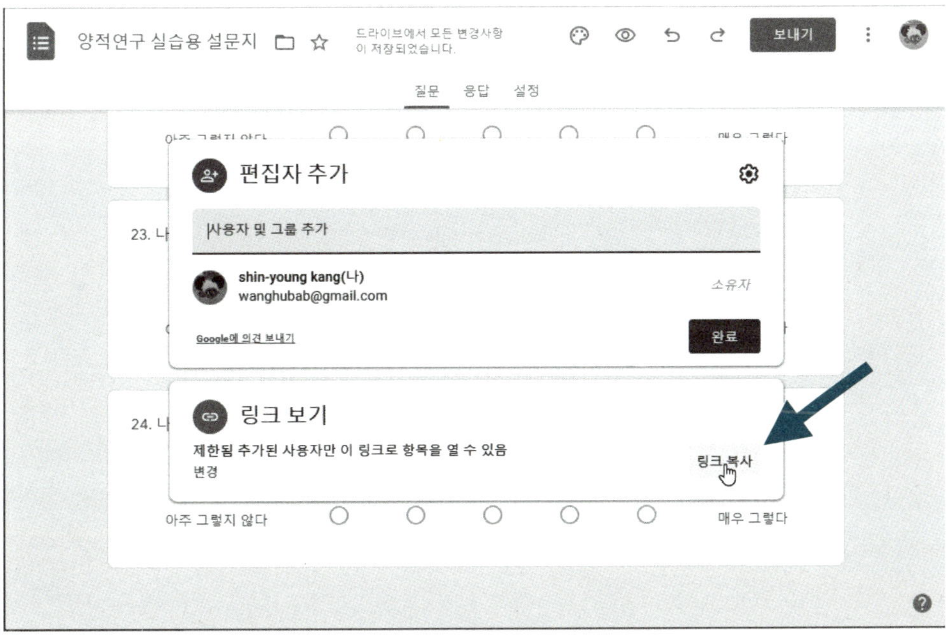

23. 완성된 설문지를 배포하기 위해 '보내기' 버튼을 누른다.

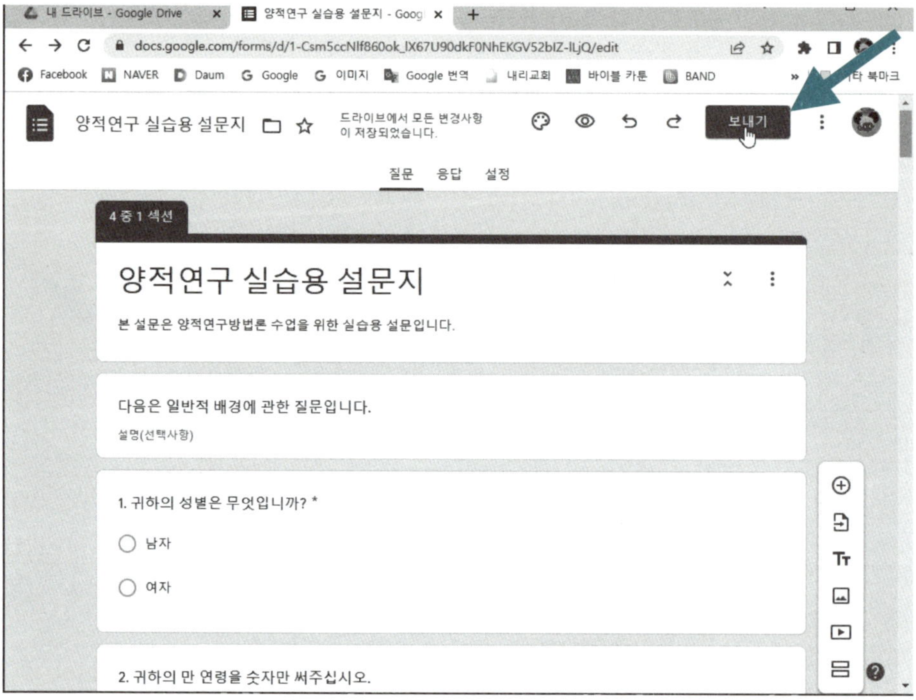

24. 사슬모양 버튼을 눌러 링크를 생성한다.
'URL 단축'을 선택하여 주소를 짧게 만든다.
'복사' 버튼을 누른 후 보내고자 하는 곳에 옮겨붙일 수 있다.

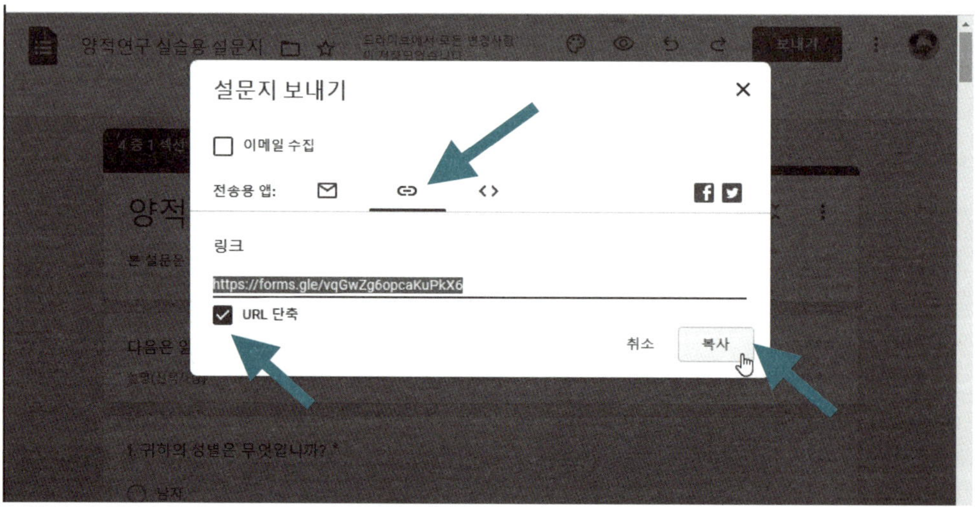

3. 코딩프레임

측정된 자료는 컴퓨터에 입력해야 분석이 가능하다. 통계프로그램은 아직 인간의 자연어를 읽고 알아서 자료를 해석하지 못하므로 컴퓨터가 이해할 수 있는 형태로 바꿔서 입력해야 한다. 통계처리 프로그램은 숫자로만 이루어진 형태의 자료를 읽을 수 있다. 설문지를 받으면 설문지에 응답한 숫자들만 추려서 컴퓨터에 입력할 자료로 만드는데, 설문지 한 부에서 얻은 숫자들을 한 행(엔터 한번)으로 정리한다. 네이버폼이나 구글폼 등의 전자설문으로 진행했더라도 그 숫자들의 의미를 연구자가 이해하고 있어야 한다.

설문지의 자료와 그 의미를 통계처리 프로그램에 어떻게 바꾸어 넣는지를 정해놓은 틀을 코딩프레임이라고 한다. 컴퓨터에 입력된 자료들을 보면서 설문지를 펴지 않고도 그 의미를 알 수 있도록 일목요연하게 정리해 두는 것이다. 코딩프레임 각 행의 맨 앞은 숫자의 위치이다. 다음 예시 1에서 1-3은 첫 3자리라는 뜻이고, 4-8은 그 다음 5자리라는 뜻이다.

다음은 실제 연구에서 사용된 코딩프레임의 예시이다.

예시 코딩프레임 예시 1

삶의 질 코딩프레임

1-3 설문지 위에 볼펜으로 설문지 일련번호를 임의로 부여합니다. 001부터.

4-8 삶의질 문항 5개 23456(설문지 문항번호)

9-33 사회적 지지 문항 25개 7-31

34-57 스트레스 대처방안 문항 24개 32-55

58-65 여가생활 앞장 56-63

66 기호 **음주** 체크는 1 공백은 0 64

67 기호 **흡연** 체크는 1 공백은 0 65

68 기호 **커피** 체크는 1 공백은 0 66

69 기호 **운동** 체크는 1 공백은 0 67

70 기호 **컴퓨터게임** 체크는 1 공백은 0 68

71 기호 **기타** 체크는 1 공백은 0 69

72-73 여가생활 10, 11 문항 70 71

74 서클 **없다** 체크는 1 공백은 0 72

75 서클 **학술 관련** 체크는 1 공백은 0

76 서클 **봉사 관련** 체크는 1 공백은 0

77 서클 **예술공연** 체크는 1 공백은 0

78 서클 **동문 관련** 체크는 1 공백은 0

79 서클 **운동 관련** 체크는 1 공백은 0

80 서클 **종교 관련** 체크는 1 공백은 0

81 서클 **기타** 체크는 1 공백은 0 79

82-87 여가 마지막까지. 여가 11-16 80-85

위 예시에서 밑줄 친 사회적 지지척도는 25문항으로 구성되어 있고, 응답한 숫자의 위치는 9-33번째이다. 척도의 문항 수는 25이므로 본 설문지에서는 문항번호 7-31번을 차지했다.

다음 예시 2에서는 응답값이 가지는 의미를 기록하고 있다. 만약 코딩된 자료가 "2 13 1"이라면 "강사, 간호학과, 전공선택"이라는 의미임을 알 수 있다. 코딩프레임을 보고 통계프로그램에 각 숫자의 의미들을 입력해 두면 통계분석 결과표에도 그 의미가 표시되기 때문에 귀찮더라도 코딩프레임의 응답값을 통계프로그램에 입력해 두어야 한다.

예시 코딩프레임 예시 2

교원	강사 2 비전임교원 3 전임(비정년) 4 전임(정년) 1	
학과	학부대학(교양과정) 11 교직과정 12 간호학과 13 광고홍보학과 14 국제문화선교전공 15	전선 1 전필 2 교필 3 전필I 4 전선I 5

한편, 구글폼으로 설문을 받은 경우, 데이터를 다시 입력할 필요 없이 엑셀 형식으로 다운받을 수 있는데, 폼에 입력된 응답값의 의미가 각 셀에 한글로 표시되어 있다. 엑셀상에서 숫자로 다시 변환하는 과정을 거쳐야 통계프로그램에서 받아서 사용할 수 있다.

4. 자료의 입력

자료를 컴퓨터에 입력할 때는 4가지 방법이 있다.
① 통계프로그램에 직접 입력하는 방법
② 엑셀에서 입력하여 통계프로그램과 호환되는 서식으로 저장
③ 텍스트로 입력하여 통계프로그램에서 원하는 서식으로 읽기
④ 폼에서 입력된 엑셀형식의 파일을 읽기
(본 교재에서는 PSPP 기준으로 설명하였다)

1) 통계프로그램에 직접 입력

가장 기본적인 입력방식이다. PSPP를 실행하면 이런 창이 뜬다. 맨 아래에 Data View 상태임을 표시하고 있다. Variable View는 변수값을 설정하는 탭인데, 이후 설명하게 될 것이다. 입력창 바로 위에 가로로 계속 이어지는 "Var"은 Variable의 줄임말로, "변수"이다. 계속 공부하기 위해 통계용어들을 영어로 병행하여 익혀두는 것이 좋다.

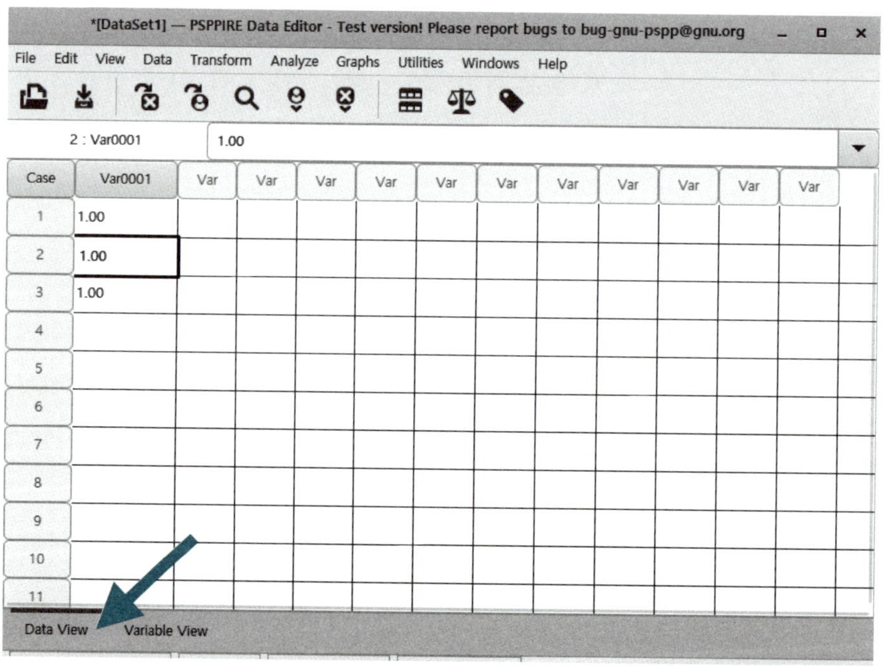

숫자를 입력하고 엔터를 치면 커서가 아래로 내려간다. 엑셀에서도 그렇지만 엑셀은 입력하고 화살표키를 눌러 옆으로 갈 수도 있는데 PSPP는 그렇지 않다. Case 번호는 설문지 일련번호이므로 한 행이 설문지 1부에 해당한다. Var0001은 첫 문항의 응답이다. 세로로 입력한다는 것은 1번 문항의 응답을 입력하고, 다음 설문지에서 또 1번 문항을 입력하고, 또 다음 설문지의 1번 문항을 입력하는 방식이라 몹시 불편하다.

2) 엑셀에서 입력하여 통계프로그램과 호환되는 서식으로 저장하기

엑셀에서 입력할 때 첫 행을 변수 이름으로 지정하기도 한다. SPSS에서는 엑셀 첫 행의 변수명을 읽어올 수 있는 기능이 있으나 PSPP에서는 아직 다른 포맷 데이터를 읽어오는 기능이 미흡하다. 따라서 엑셀의 숫자 데이터 부분만 긁어서 복사한 후 PSPP에 첫 칸에 커서를 놓고 붙여넣는 방법으로 입력할 수 있다.

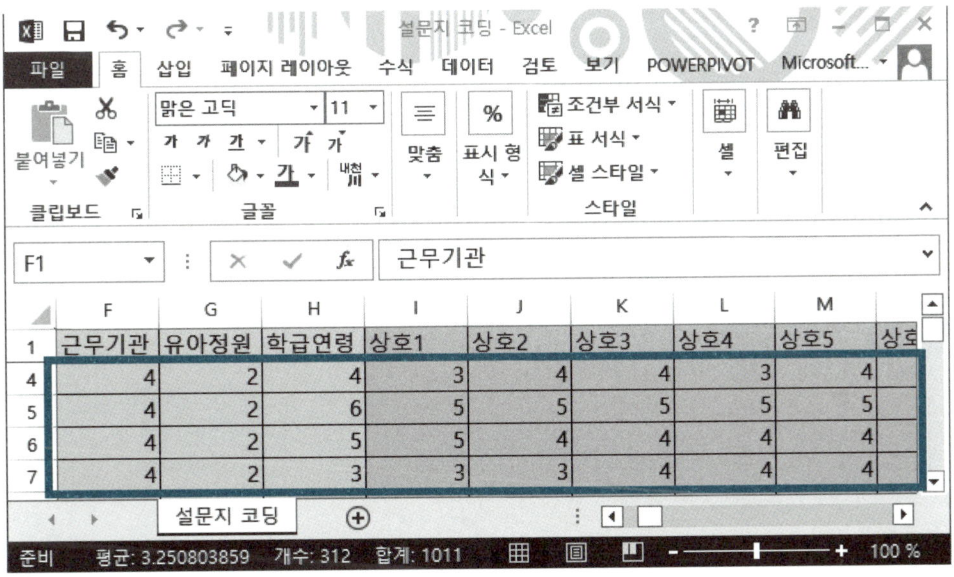

엑셀에서 다른 이름으로 저장하면서 파일형식은 csv로 지정한다. PSPP는 호환이 아직 미흡하나 SPSS나 jamovi 통계프로그램에서 불러들일 수 있는 파일형식이다.

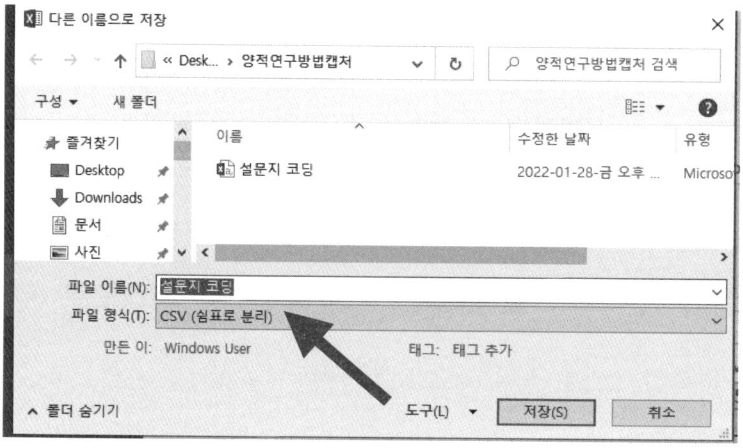

3) 텍스트로 입력하여 통계프로그램에서 원하는 서식으로 읽기

설문지를 받아서 설문지의 숫자들만 메모장에 입력하고, 설문지 한 부를 다 입력하면 엔터를 친다. 한 행이 설문지 한 부에 해당한다. 눈이 편하기 위해 다른 워드 프로그램에서 입력하고 저장할 때 txt 파일형식으로 저장할 수도 있다.

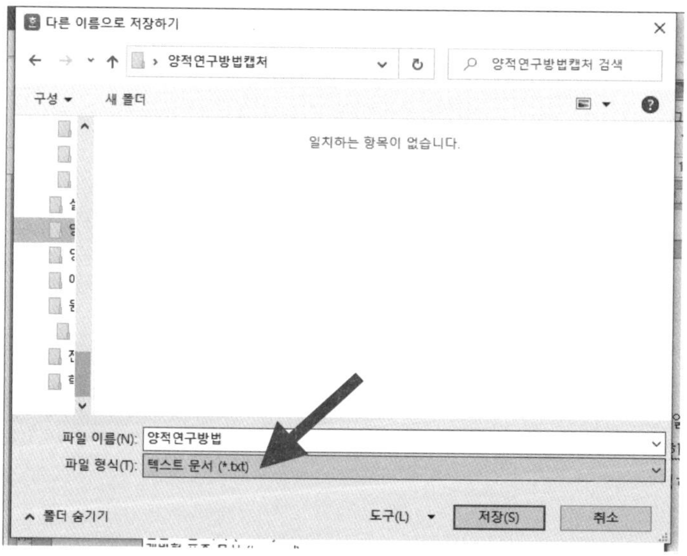

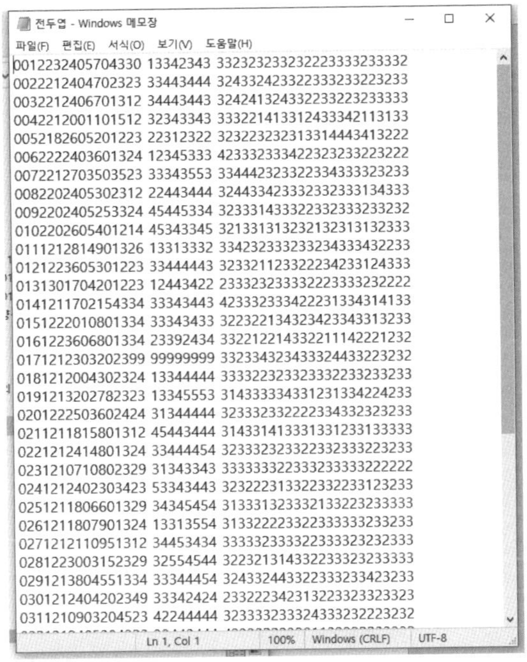

이렇게 txt로 입력된 파일은 엑셀이나 SPSS에서 읽어올 수 있다.

① 엑셀에서 텍스트 파일을 읽어오려면 '데이터-외부데이터 가져오기-텍스트'를 선택한다.

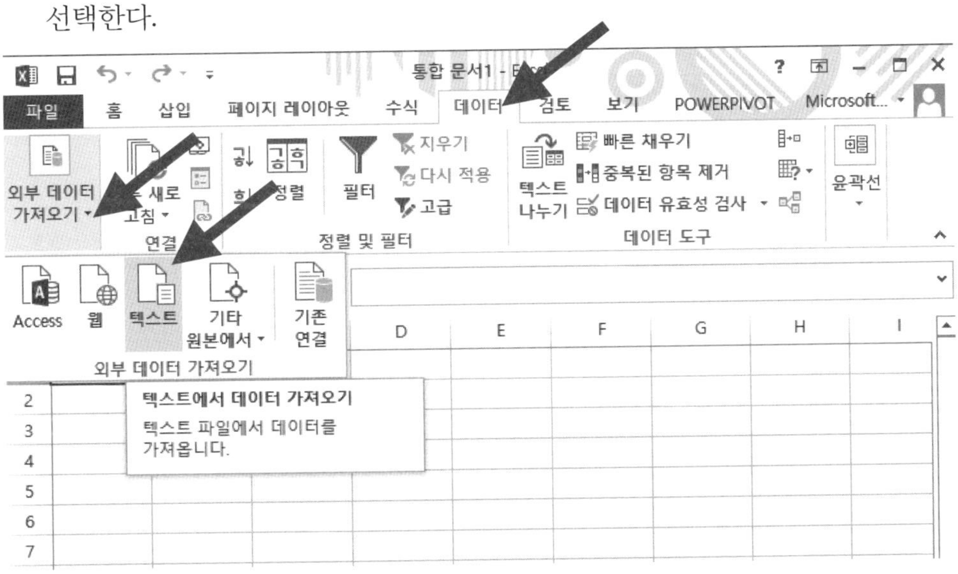

② 저장한 txt 파일을 불러오면(전두엽.txt) 아래 그림과 같이 나타난다.

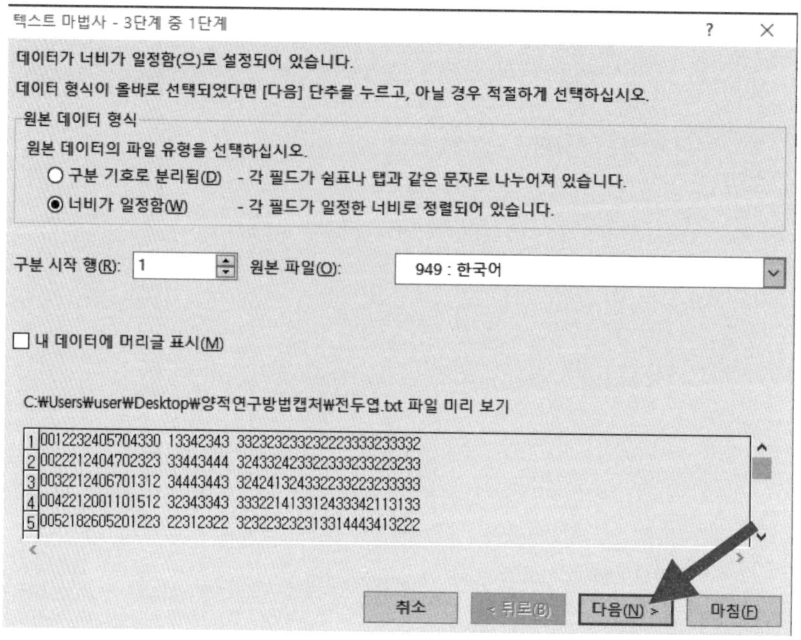

③ '다음' 버튼을 누르면 구분선을 지정한다. 이때 코딩프레임을 보고 몇 칸씩을 지정해야 하는지 확인하며 숫자 사이를 누르면 화살표가 그려진다. (첫 3자리는 일련번호, 다음 한 자리는 성별, 다음 2자리는 연령)

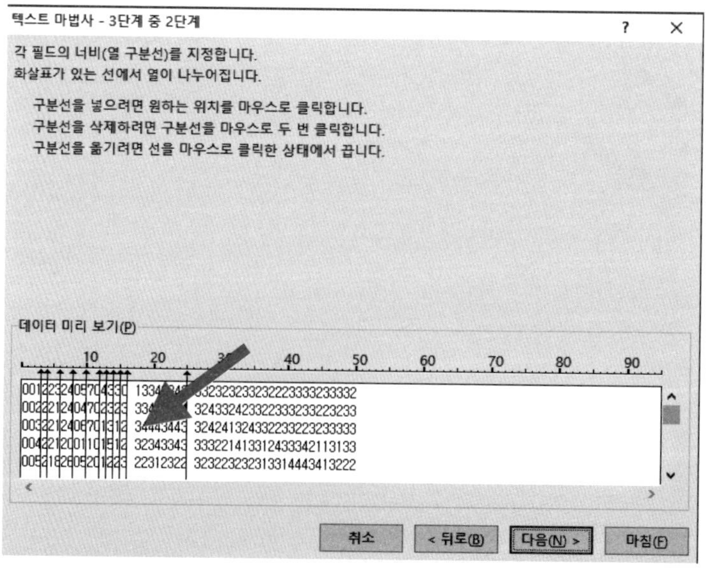

④ 화살표를 다 지정하고 '다음'을 누르고 '마침'을 누르면 텍스트 데이터가 엑셀 서식으로 옮겨진다.

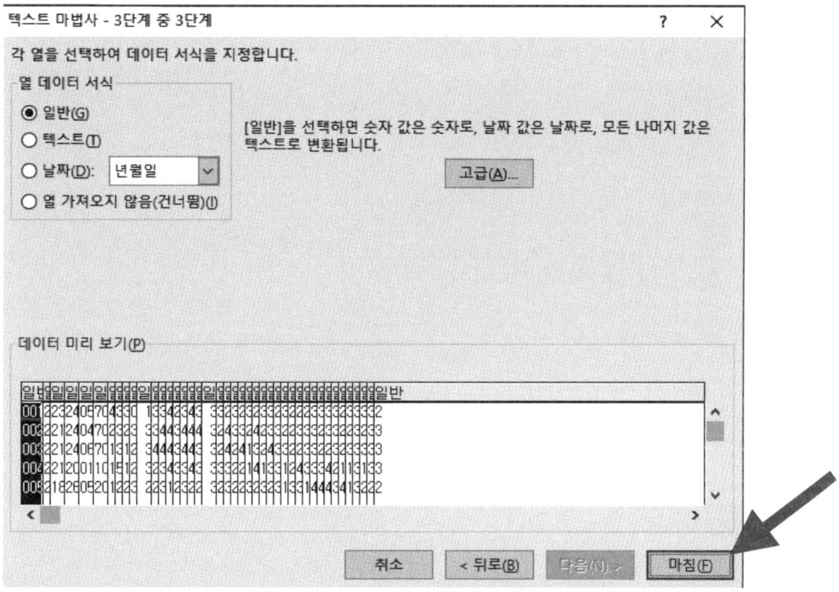

⑤ 데이터가 들어갈 위치를 선택하라고 하는 옵션은 사용하지 않고 확인버튼을 누른다.

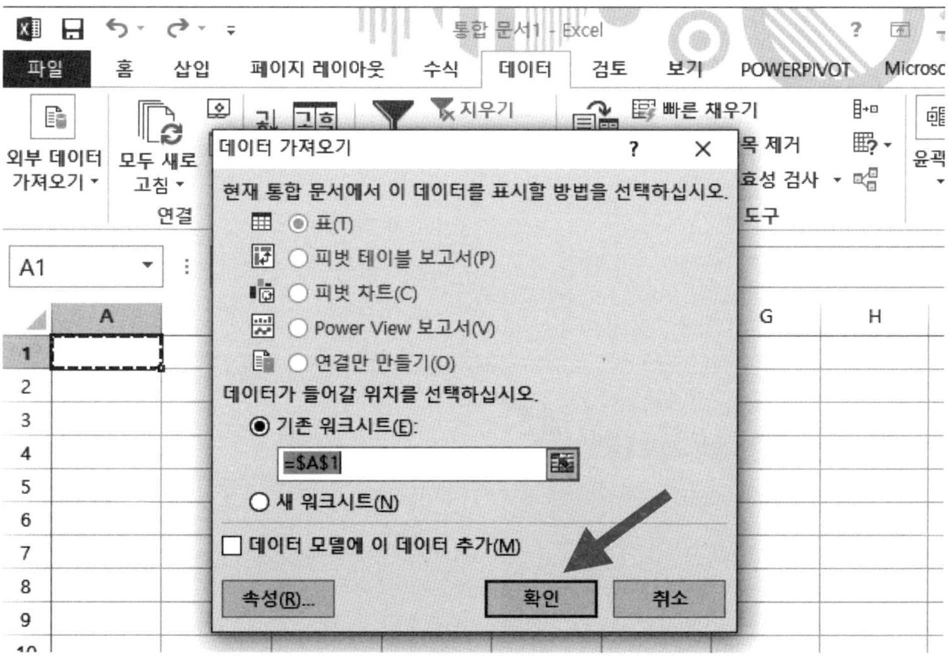

⑥ 데이터가 다 옮겨져서 자릿수에 맞게 칸에 들어간 것을 볼 수 있다.

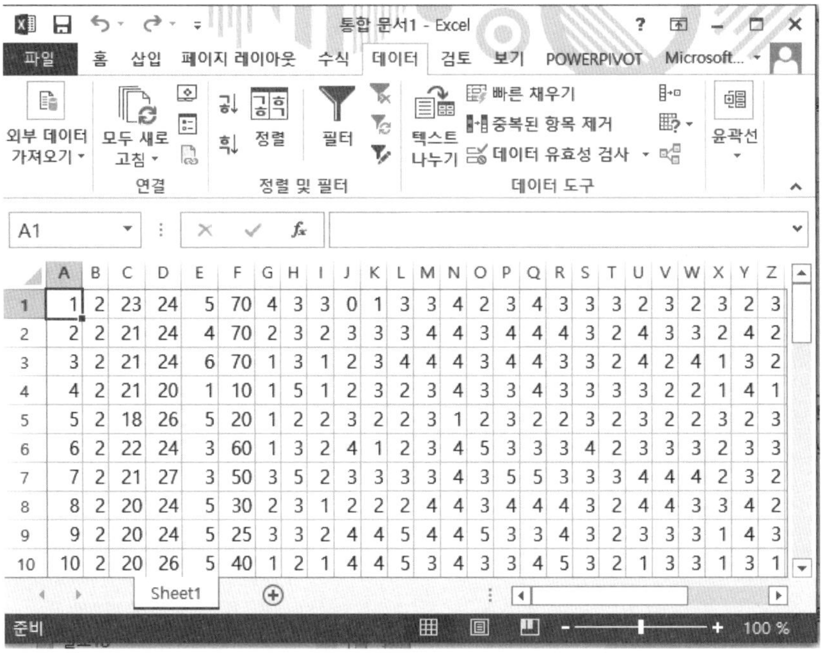

⑦ '다른 이름으로 저장-csv(쉼표로 분리)'를 선택한다. 통합문서의 기능이 일부 손실될 수 있다는 경고문구가 뜨지만 본 데이터에서는 숫자 데이터만 사용하므로 무시하면 된다.

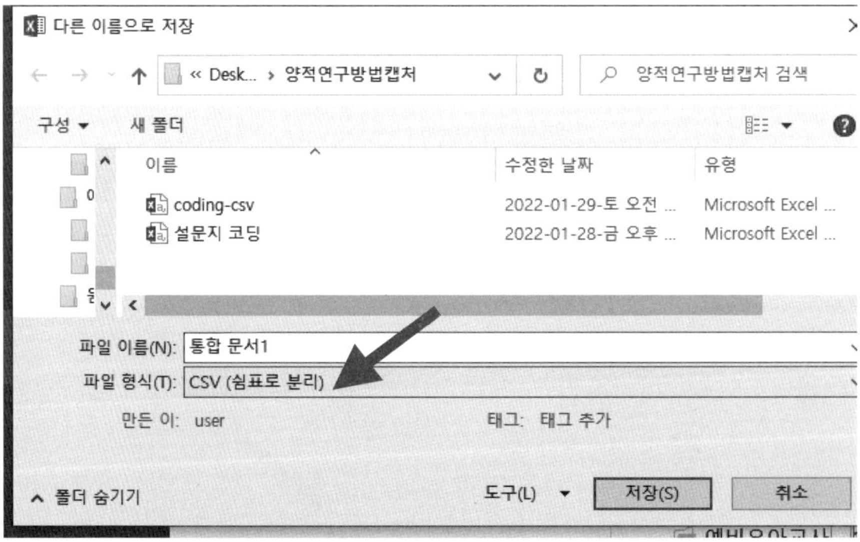

4) 폼에서 입력된 엑셀형식의 파일을 읽기

csv로 저장된 엑셀파일을 SPSS와 jamovi에서는 import 기능을 이용하여 읽어올 수 있다. PSPP에서는 SPSS와 동일한 sav는 바로 읽어올 수 있으나, 다른 프로그램의 서식은 import로 읽어올 수 없으므로 csv의 데이터 전체를 긁어 Ctrl+c로 복사하여 PSPP의 첫째 칸을 누른 후 Ctrl+v로 붙이면 된다.

① jamovi에서는 import-browse로 csv 파일을 찾아주면 된다.

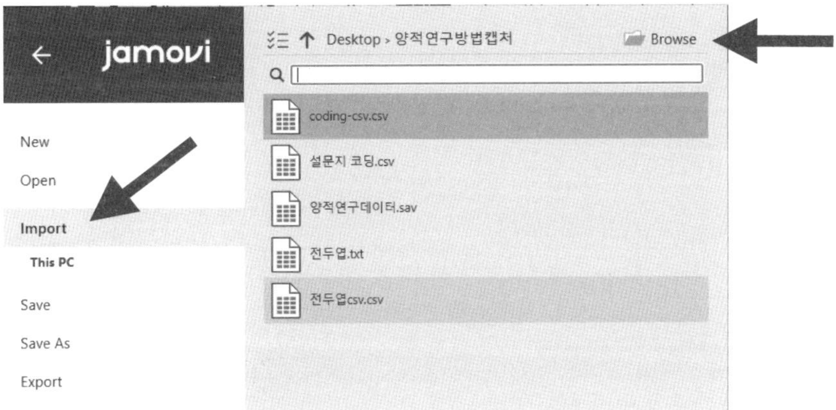

데이터 앞에 A, B, C 빈 열이 생성되지만 마우스 오른 버튼-Delete Variable로 삭제해 준다. 나머지 데이터는 스크롤바를 이동해 보면 정상적으로 들어와 있다.

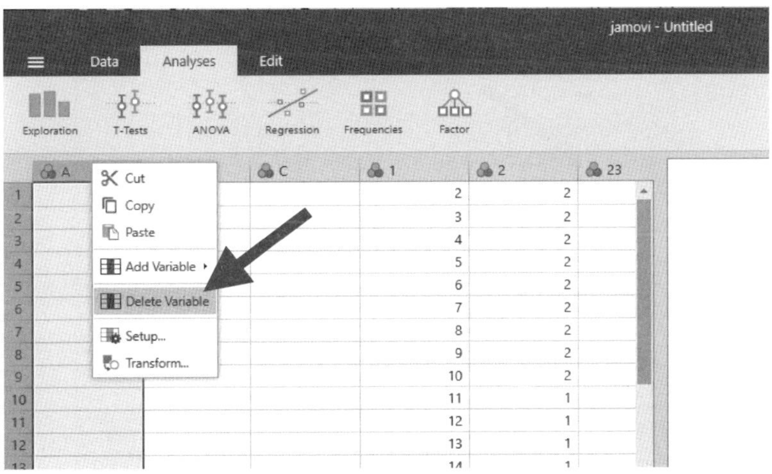

② PSPP에서 읽어오려면 csv 파일에서 데이터부분을 드래그로 선택하여 Ctrl+c로 클립보드에 복사해 준다.

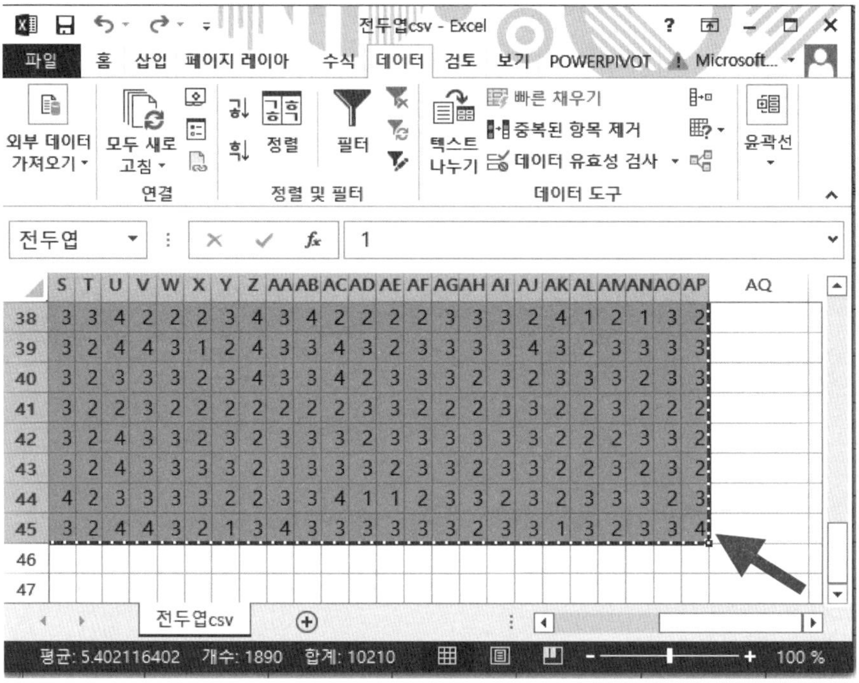

PSPP의 Data View 상태에서 첫째 칸을 누른 후 Ctrl+v하면 그대로 옮겨붙는다. 단, 첫째 칸에 더블클릭을 해서 커서가 깜빡이는 상태라면 옮겨붙지 않는다.

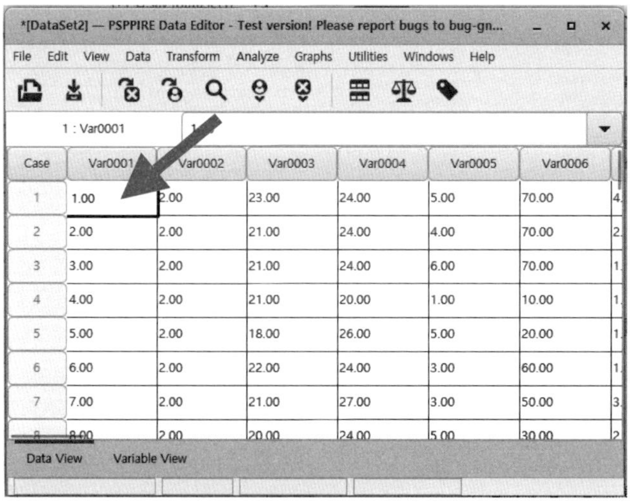

5) 레이블링

통계분석을 하면 결과표에 어느 항목이 얼마나 나왔는지 미리 이름을 붙여두어야 이후 분석이 쉽다. Variabl View 상태에서 코딩프레임을 보고 먼저 변수 이름을 붙이는데, PSPP는 한글 변수명은 인식 가능하므로 6자 이내로 만든다. 더 길면 보기가 불편하다.

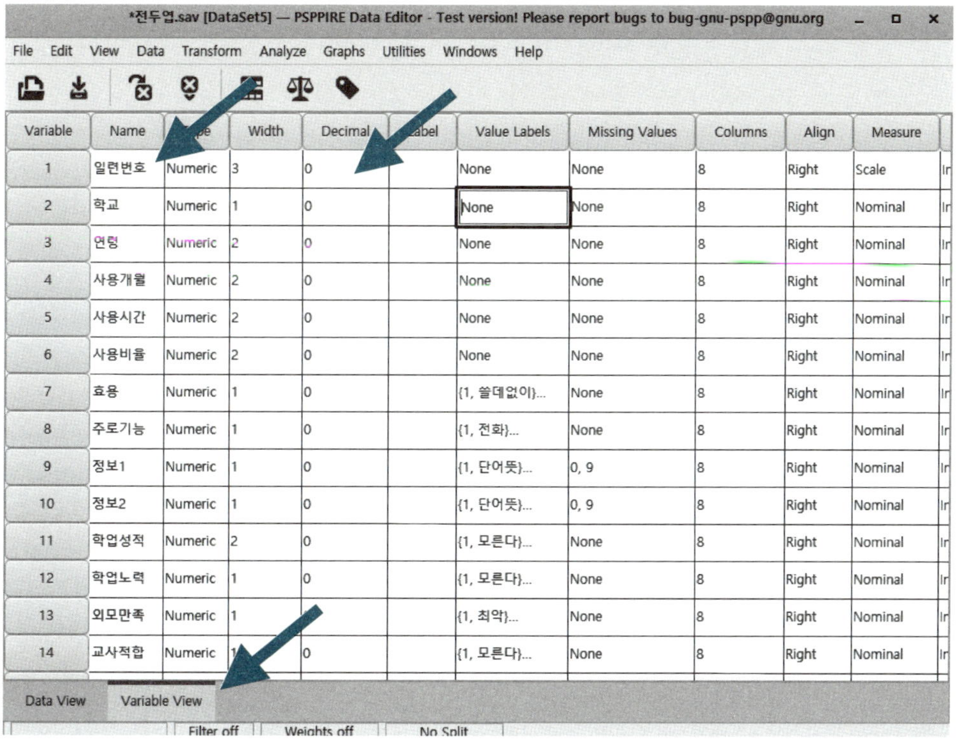

Decimal은 소수점 이하 자리를 표시하는데, 설문의 숫자들은 다 자연수이므로 0으로 만들면 Data View 상태에서 보기가 좋다.

명명척도의 경우, Value Labels를 눌러서 값을 지정한다.

Value에 응답값을 적는다. 코딩프레임에 의하면 '학교'변수에서 응답은 1 혹은 2가 될 것이다.

Value Label에 값이 뜻하는 의미를 코딩프레임에서 찾아 적는다. 예시 파일에서 1은 모학교이므로 "모"라고 적고 '추가' 버튼을 누른다. 아래 넓은 창에 값이 지정된 것이 보인다.

응답 2는 모모학교이므로 Value에 "2"를 적고 Value Label에 "모모"라고 적는다. '추가' 버튼을 누르면 넓은 창에 값이 지정된다. 값을 다 지정하면 오른쪽 위의 OK 버튼을 누른다.

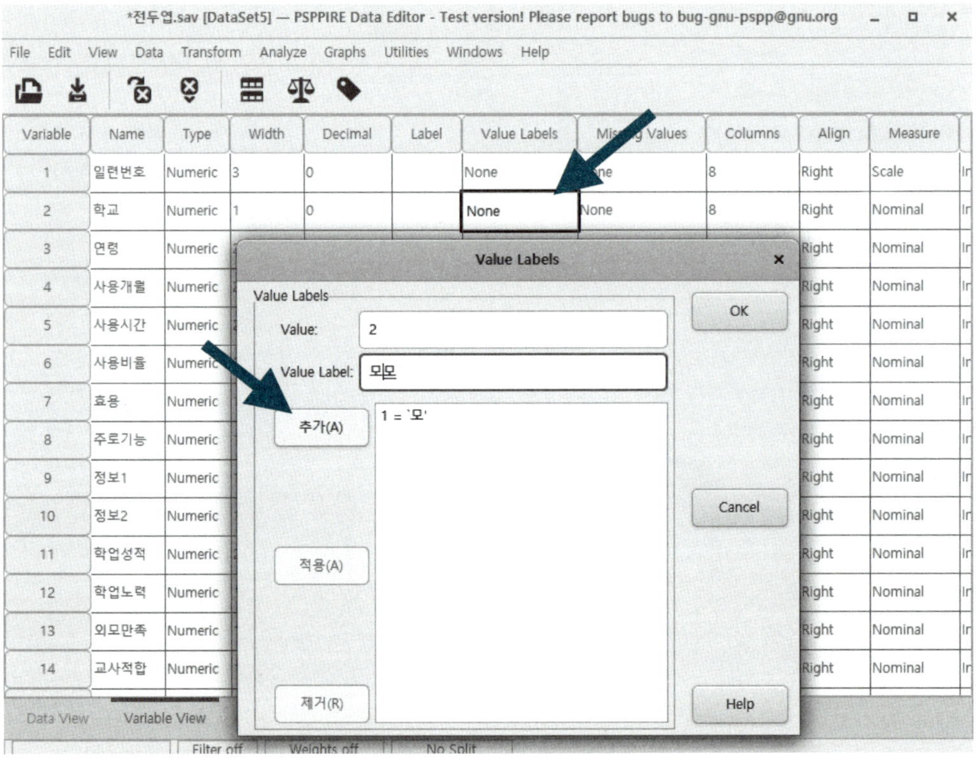

예시 파일 '전두엽'의 코딩프레임

입력컬럼	변수명	문항번호	변수값
1~3	설문번호		
4	**학교**		**1=모 2=모모**
5-6	만연령		나중에 범주로.
7-8	사용개월	1	개월수로 환산. 2년 4개월이면 24+4=28개월
9-10	사용시간	2	하루 사용시간. 8시간이면 08, 14시간이면 14
11-12	사용비율	3	각성 시간 폰사용 퍼센트인데 100은 99로.
13	효용	4	5지선다 평정척도. 1쪽이 비효율
14	주로 기능	6	폰으로 가장 많이 쓰는 기능 ① 전화 ② 인터넷검색 ③ 메신저 ④ 게임 ⑤ 음악 및 영상 감상 ⑥ 기타
15	정보1	8	인식. 추후범주화
16	정보2	11	① 단어의 뜻 ② 화젯거리나 뉴스 ③ 영상이나 음악 ④ 인기검색어 ⑤ 질문을 올림 ⑥ 기타
17	학업성적	12	1=모른다 2=하위권 3=중위권 4=상위권
18	학업노력	13	1=모른다 2=억지로 3=남들만큼 4=열심히 5=최선
19	외모만족	14	1=최악 2=불만족 3=중립 4=만족 5=최고
20	교사적합	15	1=모른다 2=교사불가 3=부적합 4=적합 5=최적
21	가정형편	16	1=아주나쁨 2=나쁨 3=중립 4=좋음 5= 아주좋음
22	인성	17	1=아주나쁨 2=나쁨 3=중립 4=좋음 5= 아주좋음
23	집 분위기	18	1=아주나쁨 2=나쁨 3=중립 4=좋음 5= 아주좋음
24	학교생활	19	1=최악 2=불만족 3=중립 4=만족 5=최고
25-49	효능 01-24	1-24	4점 척도
50-53	CCTT		CCTT 1, 2 완성시간 2자리씩
54-57	CCTTt		t점수
58-66	스트룹		단어점수 3자리, 색상, 색상-단어, 간섭 각각 2자리
67-74	스트룹t		t점수

QR코드 만드는 방법

설문지를 종이에 인쇄하여 우편으로 발송하면 시간과 비용이 많이 든다. QR코드를 이용하여 스마트폰에서 바로 설문조사에 응하도록 하면 응답자들도 간편하고 시간과 비용도 절약된다. 답례품도 기프티콘이나 이모티콘으로 간편하게 전달할 수 있다.

1. 네이버에서 'QR 만들기'를 검색하여 '나만의 QR코드 만들기' 버튼을 누른다.

2. 코드 제목에 이름을 쓰고 맨 아래 '다음 단계' 버튼을 누른다.

3. 오른쪽 '링크로 바로 이동'을 선택한다.

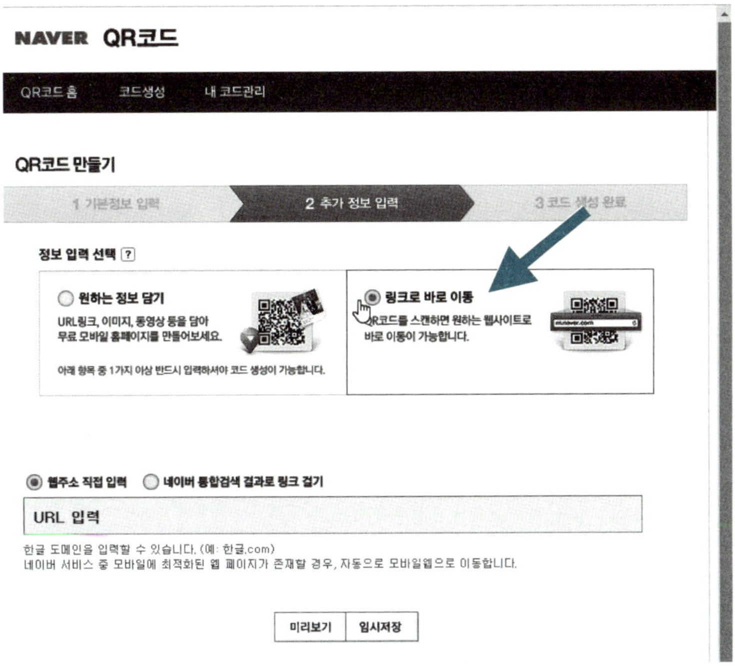

4. 이미 작성된 설문의 링크를 복사해 오려고 '보내기' 버튼을 누른다.

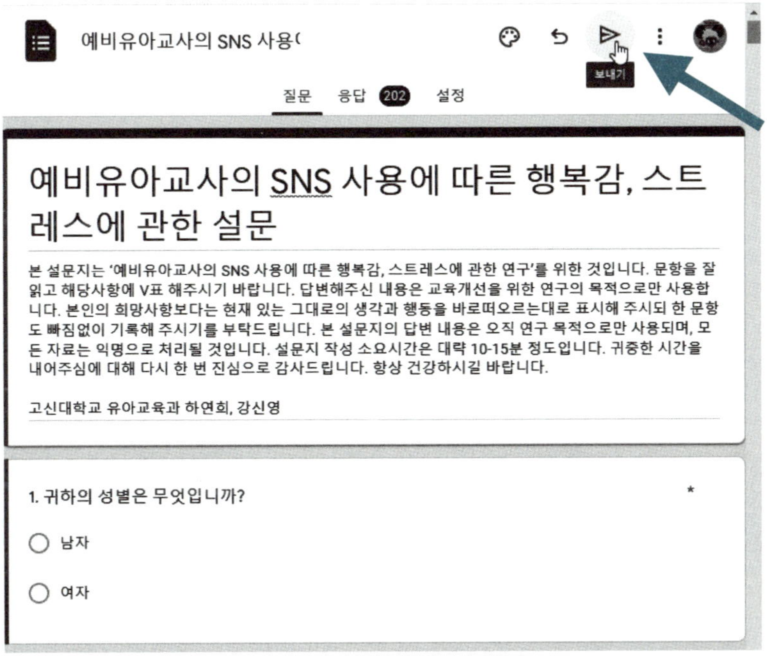

5. 전송방법에서 링크 모양을 누른다.

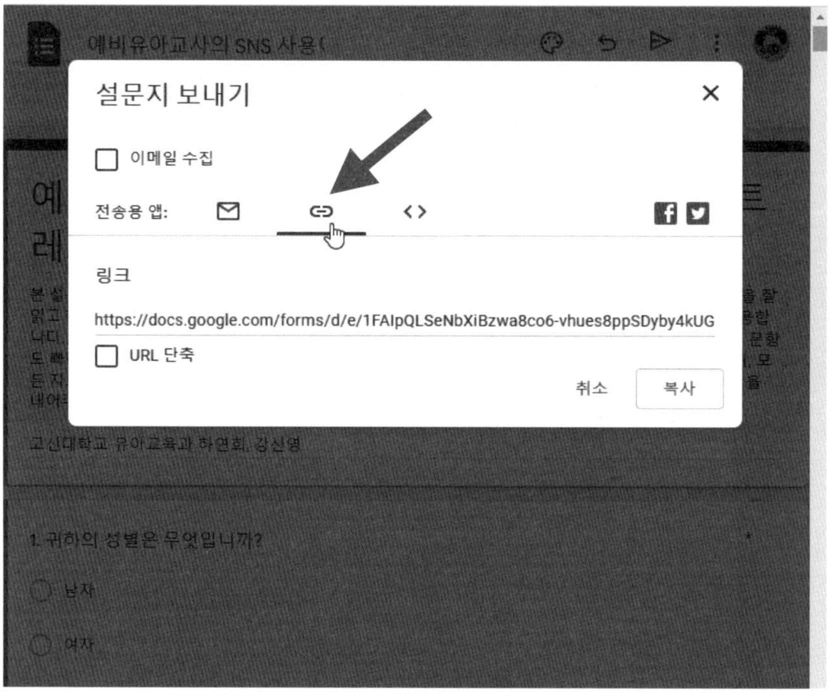

6. 'URL 단축'에 체크하고 '복사' 버튼을 누른다.

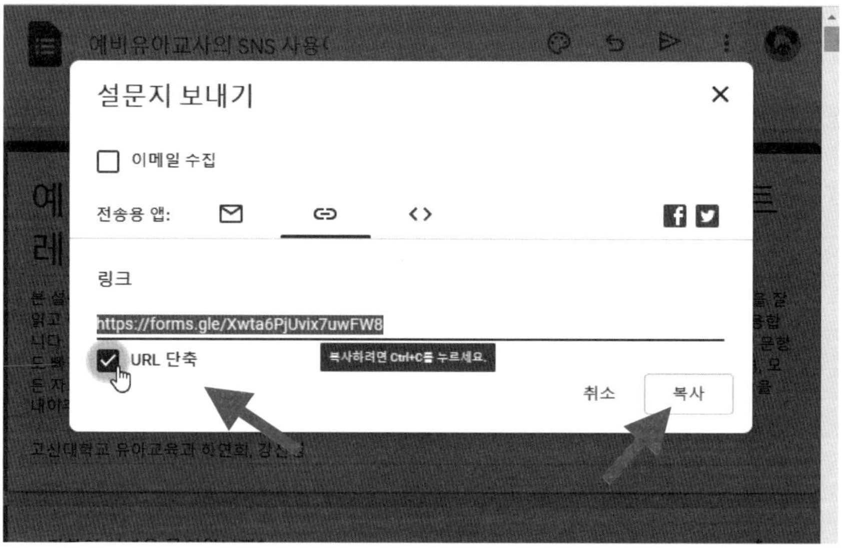

7. '웹주소 직접 입력' 아래에 복사한 설문의 주소를 옮겨붙이고 아래 '작성완료' 버튼을 누른다.

8. 생성된 QR코드에 마우스 오른 버튼 눌러서 '이미지를 다른 이름으로 저장' 하거나 '내보내기' 버튼을 눌러서 활용한다.

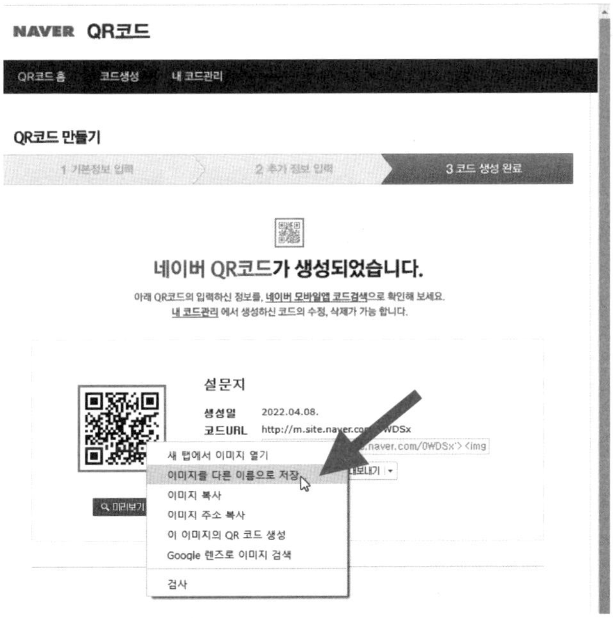

04
CHAPTER

빈도분석

따라하는
양적연구방법

빈도분석은 해당 변수에 대답한 사람들의 숫자를 세어서 분석하는 기법이다. 빈도와 퍼센트를 산출하므로 II. 연구방법 1. 연구대상에서 응답자의 인구학적 변인을 분석할 때 주로 사용된다. 그보다 먼저 데이터 입력 이후 데이터 검사에도 활용한다. 데이터 검사에서 분석에서 오류를 유발할 수 있는 극단치나 성의 없는 응답, 결측값(빠진 문항, 처리할 수 없는 답안), 데이터의 대략적 분포(연령을 직접 입력한 경우 대상자가 몇 살부터 몇 살까지이며 어느 연령대가 가장 많은지)를 알 수 있다.

1. 데이터 검사

① 데이터 '04장삶의질지지.sav'를 불러온다.

② Analyze(분석)-Descriptive Statistics(기술통계)-Frequencies(빈도분석)

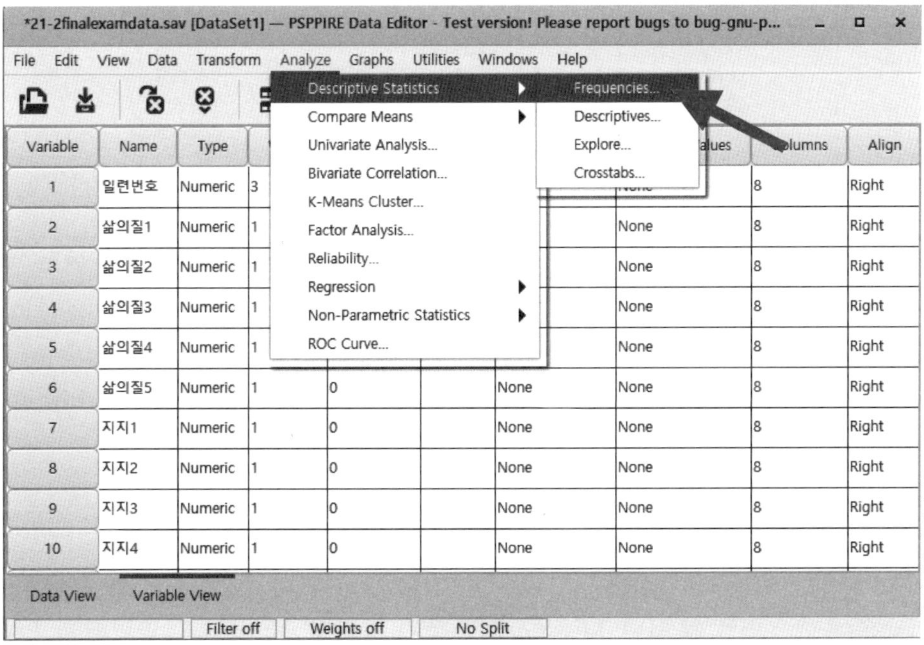

③ 검사하고자 하는 변수를 선택하고 삼각형을 누르면 Variable 창으로 넘어간다.

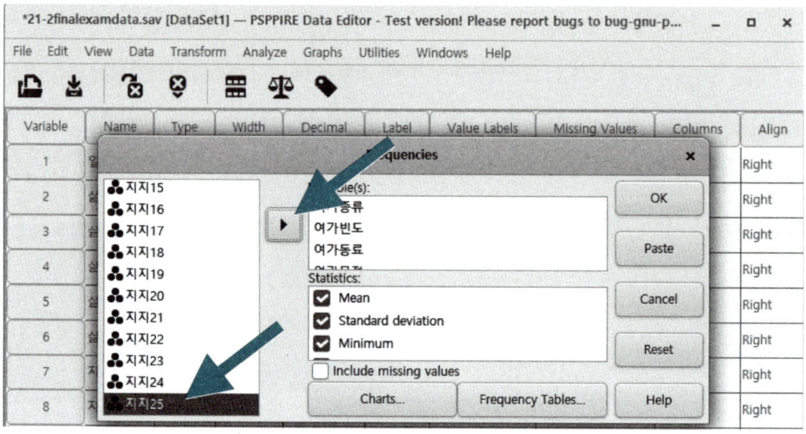

④ OK를 누르면 결과창에 응답지의 빈도가 표시된다.

여가종류

		Frequency	Percent	Valid Percent	Cumulative Percent
Valid	0	7	6.1%	6.6%	6.6%
	전혀하지않는다	5	4.3%	4.7%	11.3%
	스포츠	27	23.5%	25.5%	36.8%
	취미창작교양	9	7.8%	8.5%	45.3%
	관람과 감상	34	29.6%	32.1%	77.4%
	사교 친목	19	16.5%	17.9%	95.3%
	관광행락	2	1.7%	1.9%	97.2%
	오락및 놀이	1	.9%	.9%	98.1%
	기타	2	1.7%	1.9%	100.0%
Missing	.	9	7.8%		
Total		115	100.0%		

여가빈도

		Frequency	Percent	Valid Percent	Cumulative Percent
Valid	0	2	1.7%	1.9%	1.9%
	전혀못함	9	7.8%	8.5%	10.4%
	월1회	24	20.9%	22.6%	33.0%
	주1회	55	47.8%	51.9%	84.9%
	주3-4회	16	13.9%	15.1%	100.0%
Missing	.	9	7.8%		
Total		115	100.0%		

아래쪽에 "."으로 표시된 Missing(결측값)이 9라고 표시된다. 입력되지 않은 9건의 결측값은 다음과 같이 삭제한다.

⑤ Data View(데이터 보기)에서 빈 행 번호를 누르면 회색으로 선택된다. 다시 마우스 오른 버튼을 눌러 Clear Cases(케이스 삭제)를 누른다.

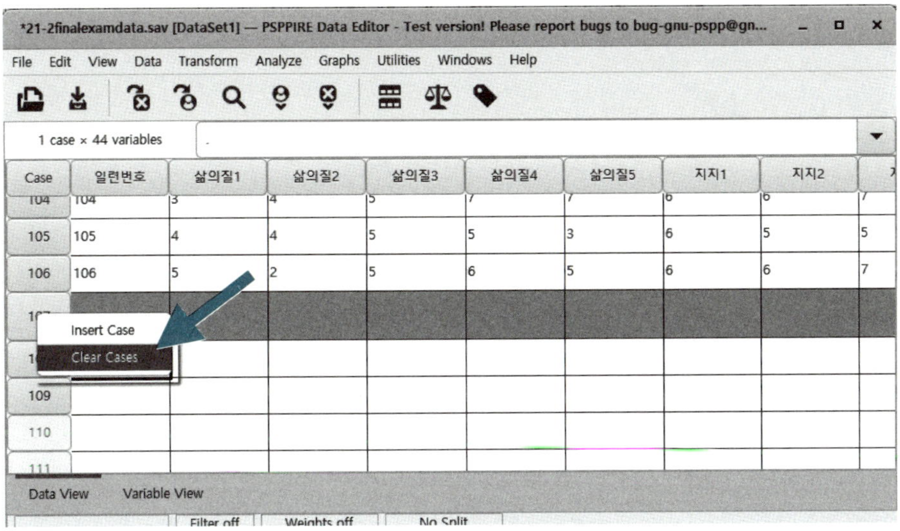

⑥ 그 외에 여가종류에도, 여가빈도에도 "0"이라고 대답한 설문이 7건, 2건이 있다. 이런 응답은 결측값으로 처리해야 한다. Variable View(변수보기)에서 Missing Values(결측값)를 누른다.

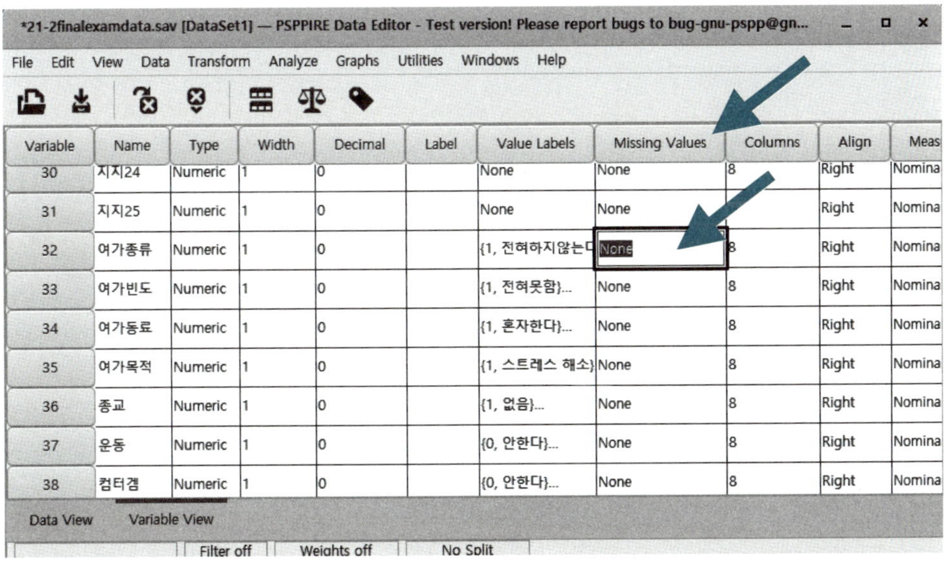

⑦ Discrete missing values(이산형 결측값)에 0을 입력한다.

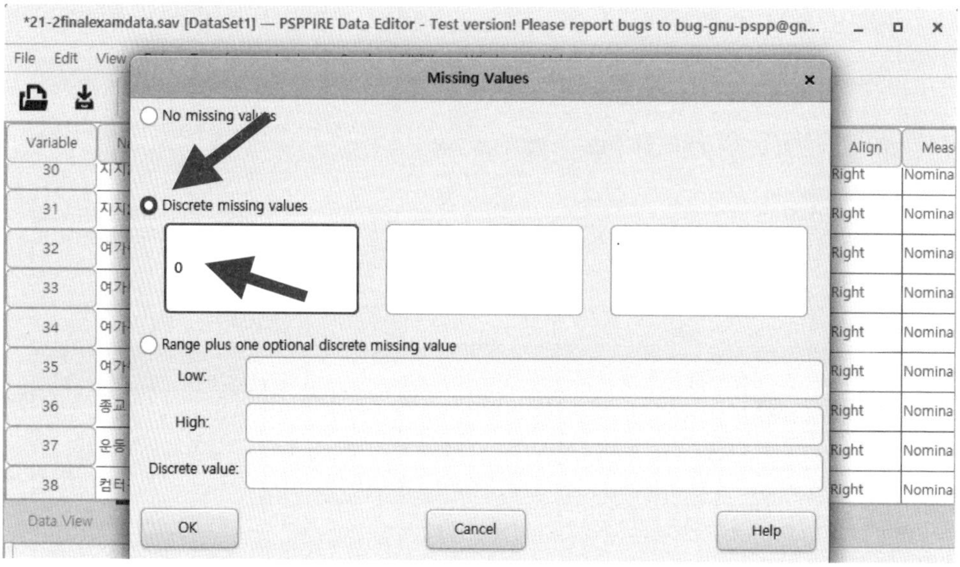

⑧ 그리고 다시 ②의 빈도분석을 하면 아래 그림과 같이 결측값 0을 제외한 응답의 빈도가 나온다. 누적백분율(Cumulative Percent)은 결측값을 제외하고 100%로 계산되어 있다.

여가종류

		Frequency	Percent	Valid Percent	Cumulative Percent
Valid	전혀하지않는다	5	4.7%	5.1%	5.1%
	스포츠	27	25.5%	27.3%	32.3%
	취미창작교양	9	8.5%	9.1%	41.4%
	관람과 감상	34	32.1%	34.3%	75.8%
	사교 친목	19	17.9%	19.2%	94.9%
	관광행락	2	1.9%	2.0%	97.0%
	오락및 놀이	1	.9%	1.0%	98.0%
	기타	2	1.9%	2.0%	100.0%
Missing	0	7	6.6%		
Total		106	100.0%		

여가빈도

		Frequency	Percent	Valid Percent	Cumulative Percent
Valid	전혀못함	9	8.5%	8.7%	8.7%
	월1회	24	22.6%	23.1%	31.7%
	주1회	55	51.9%	52.9%	84.6%
	주3-4회	16	15.1%	15.4%	100.0%
Missing	0	2	1.9%		
Total		106	100.0%		

간혹 5점 척도 문항인데 7이 찍혀 있거나, 비어 있거나 한 경우가 있다. 그런 경우는 '돋보기' 버튼을 눌러 어느 변수(Variable)에서 어떤 이상한 값(Value)인지 찾아내어 그 설문지번호를 추적하여 오타인지, 누락인지 점검해야 한다.

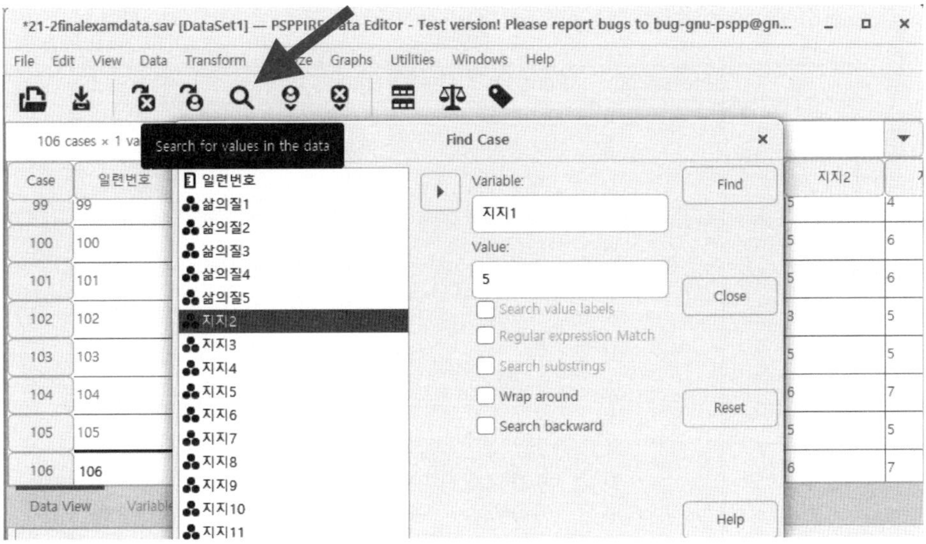

논문에서 보통 연구대상자의 일반적 배경을 빈도분석으로 작성하므로 데이터 '04장빈도분석.sav'를 열어서 실습한다. 이 데이터는 연령을 직접 입력하도록 하였는데, 빈도분석을 한 결과는 다음과 같다.

연령

		Frequency	Percent	Valid Percent	Cumulative Percent
Valid	23	4	2.7%	2.7%	2.7%
	24	3	2.0%	2.0%	4.7%
	25	6	4.0%	4.0%	8.7%
	26	11	7.3%	7.3%	16.0%
	27	9	6.0%	6.0%	22.0%
	28	7	4.7%	4.7%	26.7%
	29	9	6.0%	6.0%	32.7%
	30	10	6.7%	6.7%	39.3%
	31	1	.7%	.7%	40.0%
	32	4	2.7%	2.7%	42.7%
	33	4	2.7%	2.7%	45.3%
	34	6	4.0%	4.0%	49.3%
	35	6	4.0%	4.0%	53.3%
	36	6	4.0%	4.0%	57.3%
	37	1	.7%	.7%	58.0%
	38	3	2.0%	2.0%	60.0%
	39	2	1.3%	1.3%	61.3%
	40	6	4.0%	4.0%	65.3%
	41	3	2.0%	2.0%	67.3%
	42	8	5.3%	5.3%	72.7%
	43	4	2.7%	2.7%	75.3%
	44	4	2.7%	2.7%	78.0%
	45	5	3.3%	3.3%	81.3%
	46	6	4.0%	4.0%	85.3%
	47	4	2.7%	2.7%	88.0%
	48	4	2.7%	2.7%	90.7%
	49	3	2.0%	2.0%	92.7%
	50	5	3.3%	3.3%	96.0%
	51	1	.7%	.7%	96.7%
	52	1	.7%	.7%	97.3%
	53	1	.7%	.7%	98.0%
	54	2	1.3%	1.3%	99.3%
	57	1	.7%	.7%	100.0%
Total		150	100.0%		

빈도분석 결과에 따르면 전체 연령은 23세부터 57세까지이다. 4집단으로 나누려 할 때, 인구학적으로 '20대, 30대, 40대, 50대 이상'으로 나누는 방법과 각 집단의 빈도수가 비슷하도록 나누는 방법이 있다.

빈도(Frequency)가 제일 많은 연령은 26, 30세이다. 20대는 49명, 30대는 43명, 40대는 47명, 50대는 11명이다. 연령대로 집단을 나누면 20대, 30대, 40대가 각각 1/3 가까이 차지하고, 50대는 다른 집단과 숫자가 너무 차이가 난다. 이런 경우, 집단 간 비교의 의미가 약해질 수 있으므로 40대와 50대 이상 집단을 합하는 방법을 고려해 볼 수 있다.

각 집단의 빈도수가 비슷하도록 나누려면 누적백분율(Cumulative Percent)을 보면서 25% 근처의 값을 찾으면 된다. 27세가 22%, 28세가 26%이므로 23~27세를 첫 집단으로 끊을 수 있다. 같은 방법으로 28~34세, 35~42세, 43~57세로 나누면 각 집단의 빈도가 비슷해진다. 집단을 나누는 기능은 '코딩변경'이다.

2. 코딩변경(Recode)

코딩변경은 데이터의 숫자를 일괄적으로 다른 숫자로 바꾸는 기능이다. 예를 들면, 연령을 구간으로 나누어 20대를 1, 30대를 2같이 단순한 값으로 바꿔주는데 사용할 수도 있다. 이를 응용하여 빈도가 낮은 집단끼리 합치는 데 사용할 수도 있다. 또, 역코딩(5점 척도로 조사하였는데, 점수를 거꾸로 부여하는 경우)에도 사용한다.

코딩변경은 변환(Transform) 메뉴에서 사용한다. 원래 변수에 덮어쓰기, 새로운 변수명을 생성하기 두 방법이 있다. 역코딩의 경우 변경 여부를 혼동하는 일이 생기기도 하므로 새로운 변수명을 만들거나 데이터 파일을 새로 저장하면서 파일명에 "역산후"라고 덧붙이기도 한다.

연령대를 단순한 값으로 변환하기

① 20대를 1, 30대를 2같이 다르게 표기하려면 원데이터를 손상시키지 않고 다른 변수를 생성해서 코딩변경을 하는 것이 좋다.
Transform(변환)-Recode into Different Variables(다른 변수로)

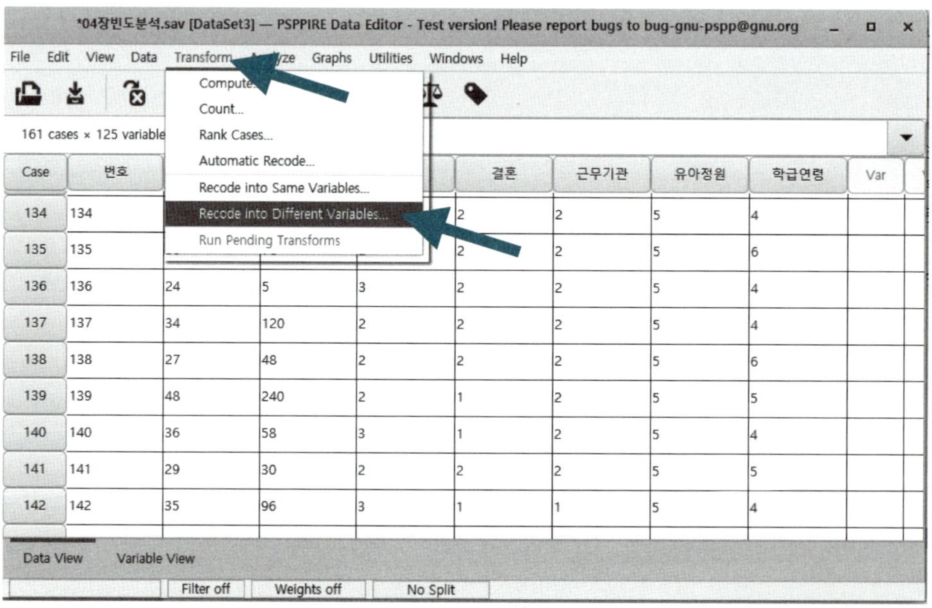

② 연령을 선택하여 삼각형을 눌러 Variables로 보낸다.
Output Variable에서 새 변수의 이름 "연령4집단"을 기입한다.
Change 버튼을 누르면 Variables의 New에 연령4집단이 나타난다.
연령을 집단으로 나누는 새 값을 기입하기 위해 아래의 Old and New Values 버튼을 누른다.

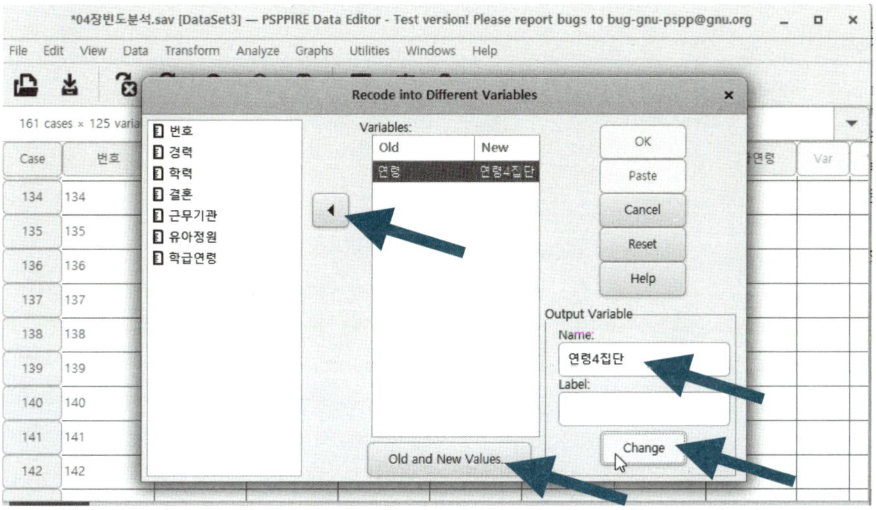

③ 기존 값 20대는 새 값 1을 넣어야 하므로 Range, LOWEST thru value를 선택하고 29를 기입한다. 즉 기존 값에서 20대에 해당하는 제일 적은 수에서 29까지를 새로 지정한다는 뜻이다.
New Value에는 1을 기입한다.
Add 버튼을 누르면 리스트에 "LOWEST-29 1"이라고 뜬다.

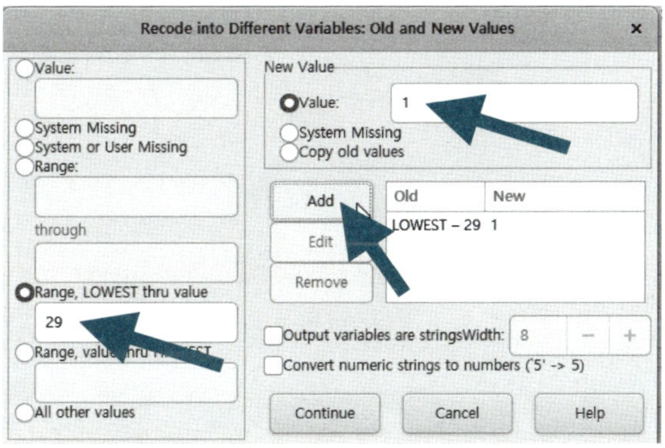

③ 30대는 30세에서 39세까지이므로 Range에 입력한다. 마찬가지로 새 값은 2를 입력하고 Add 버튼을 누르면 변환리스트에 뜬다.

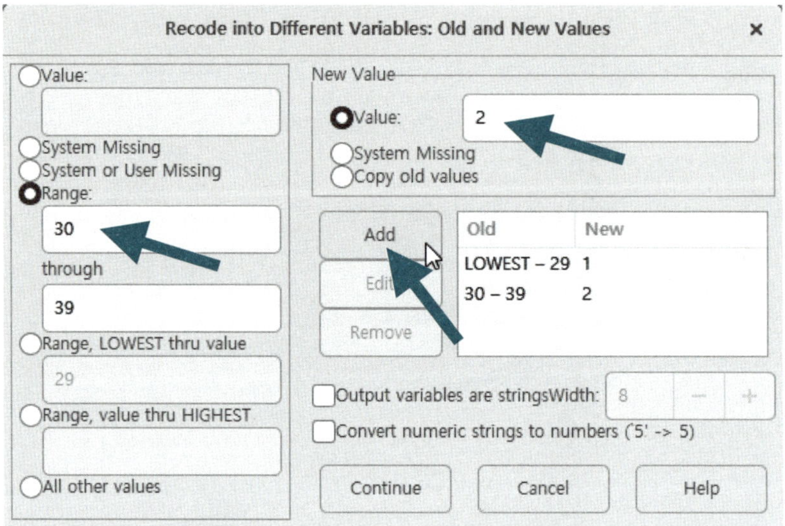

④ 40대도 동일한 요령으로 3으로 변환하도록 설정한다. 50대는 Range, value thru HIGHEST에 50이라고 입력한다. 50 이상을 새 값으로 지정하라는 뜻이다. 다 지정되었으니 아래의 Continue 버튼을 누른다.

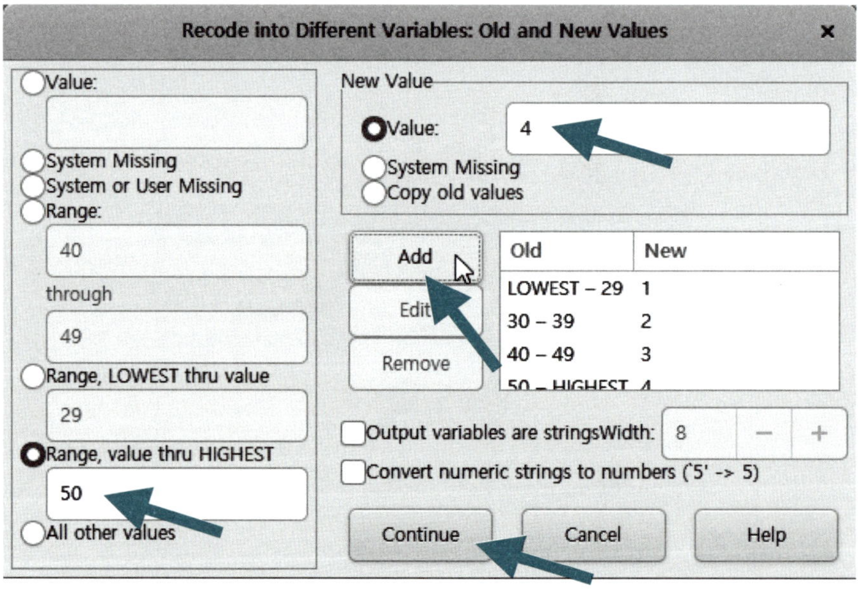

⑤ 새 값 지정이 끝났으니 OK 버튼을 누른다.

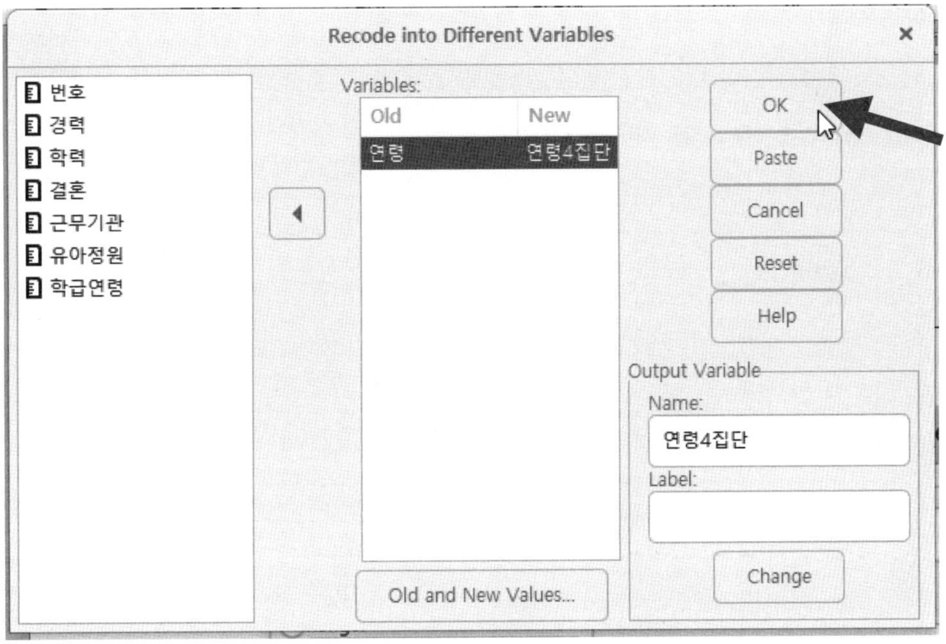

⑥ 맨 오른쪽에 '연령4집단'이라는 변수가 생성되었다. 20대는 1, 30대는 2, 40대는 3으로 지정된 것을 볼 수 있다.

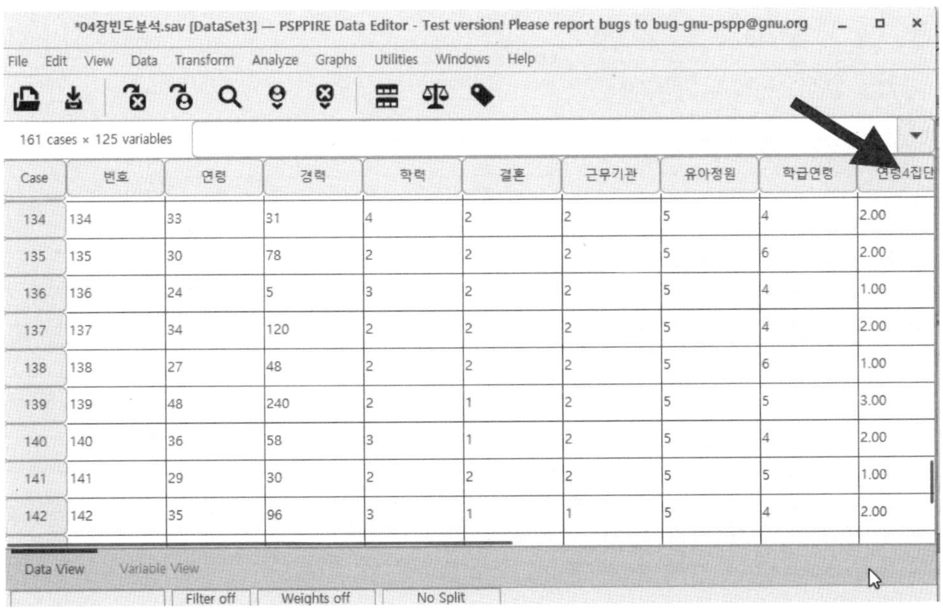

⑦ Variable View(변수보기)에 들어가 소수점 아랫자리는 0으로 만들면 2.00을 2로 만들 수 있다.

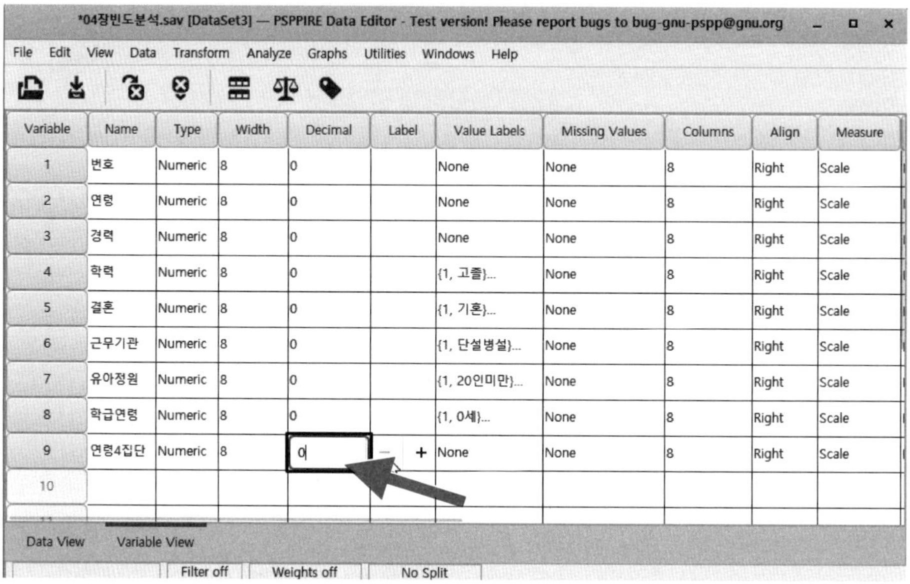

⑧ 각 연령대의 값도 지정해 주기 위해 '연령4집단'의 Value Labels를 누른다.

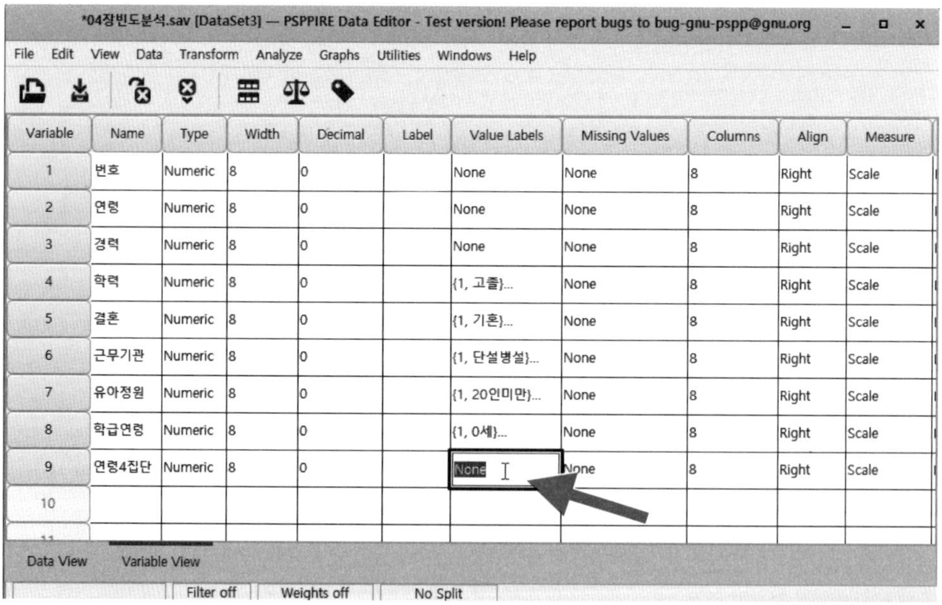

⑨ Value에 값을 쓰고, Value Label에 값의 의미를 쓴다.
'추가' 버튼을 누르면 다음 값을 입력할 수 있다.
4는 50대까지 입력하고 나면 OK를 눌러 빠져나온다.

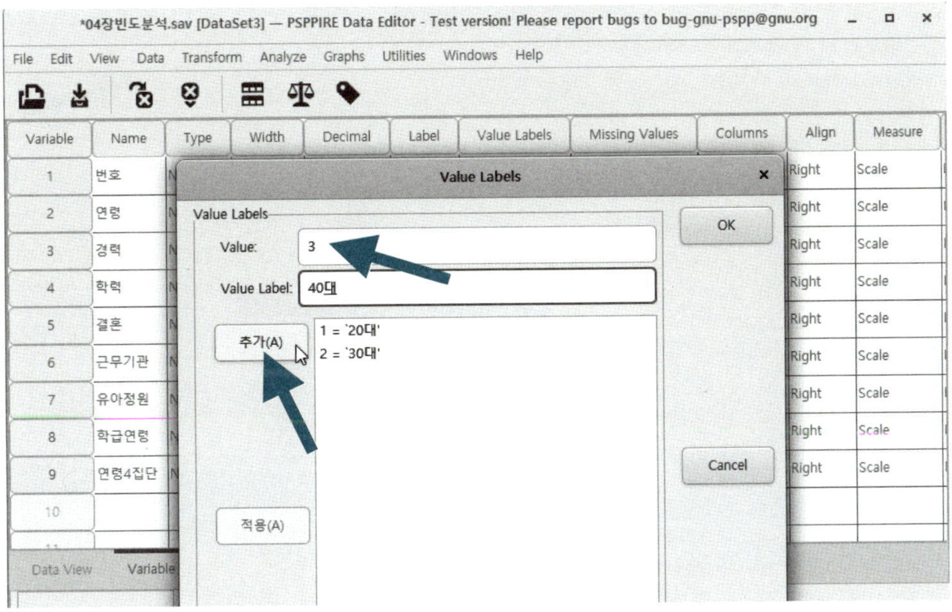

⑩ 연령4집단 변수의 값이 20대, 30대로 지정된 것을 볼 수 있다.

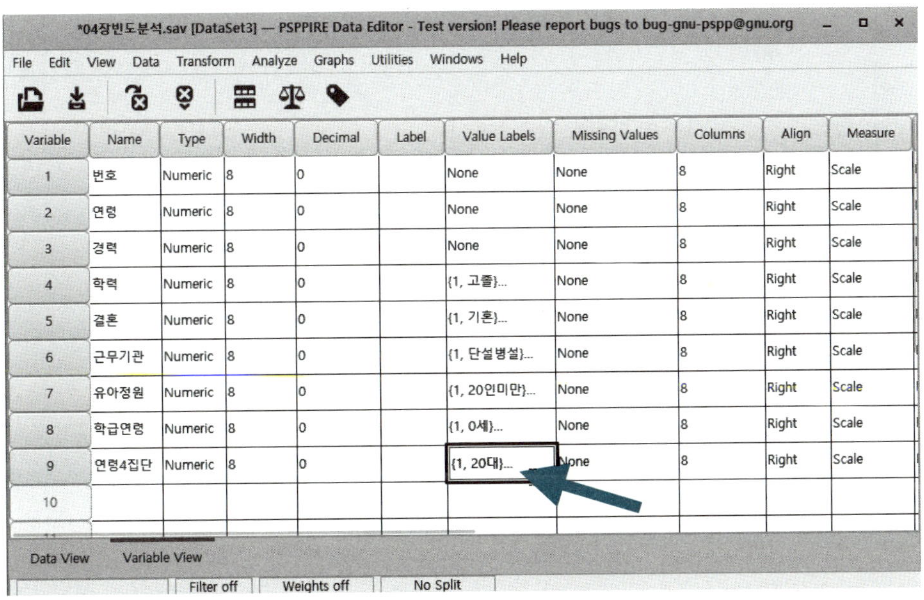

⑪ 빈도분석창을 열어 아래와 같이 체크박스의 체크를 다 해제하고 OK를 누른다.

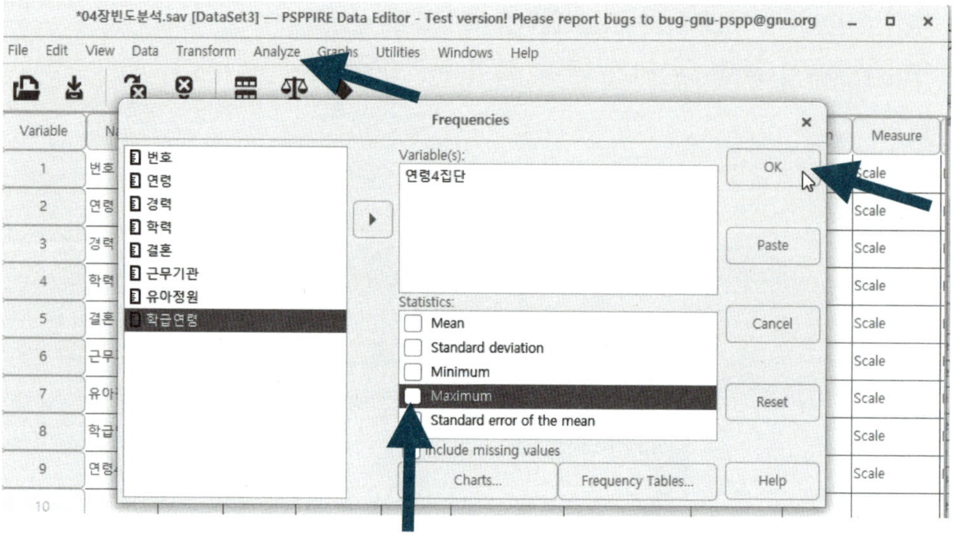

⑫ 결과는 아래와 같이 나온다.

연령4 집단

		Frequency	Percent	Valid Percent	Cumulative Percent
Valid	20대	49	32.7%	32.7%	32.7%
	30대	43	28.7%	28.7%	61.3%
	40대	47	31.3%	31.3%	92.7%
	50대	11	7.3%	7.3%	100.0%
Total		150	100.0%		

실습과제

1. '경력'도 연령처럼 집단을 4개로 나누어 코딩변경을 해본다.

2. 연령4집단, 경력4집단, 학력, 결혼, 근무기관, 유아정원, 학급연령 전체를 빈도분석 해 본다.

3. 빈도분석 보고서 작성

빈도분석의 보고서는 일반적으로 결과표에서 빈도와 백분율만 추려서 작성하면 된다.

연령4 집단

		Frequency	Percent	Valid Percent	Cumulative Percent
Valid	20대	49	32.7%	32.7%	32.7%
	30대	43	28.7%	28.7%	61.3%
	40대	47	31.3%	31.3%	92.7%
	50대	11	7.3%	7.3%	100.0%
Total		150	100.0%		

연구보고서의 표는 기본적으로 세로선은 보이지 않게 하고, 가로선도 최소한을 사용한다. 학회나 학교에 따라 요구하는 서식이 조금씩 다르니 미리 확인하여야 한다.

① 각괄호로 표 번호를 기입하고 표 제목을 쓴다.
② 내용을 기입하고 숫자들은 끝자리를 정렬한다.
③ 소수점이 있는 경우는 소수점을 정렬한다.
④ 표 아래에 표의 내용을 읽어준다.

〈표 4-1〉 연령대별 빈도분석 결과

구분	빈도	백분율
20대	49	32.7
30대	43	28.7
40대	47	31.3
50대 이상	11	7.3
계	150	100.0

본 연구의 대상 150명의 연령대는 20대 49명(32.7%), 30대 43명(28.7%), 40대 47명(31.3%), 40대 이상 11명(7.3%)으로 나타났다.

05
CHAPTER

신뢰도 분석

따라하는
양적연구방법

II. 연구방법에서 2. 연구도구는 사용된 측정도구에 대한 설명과 채점방법을 제시해야 하며, 필수적으로 그 양호도를 제시해야 한다. 양호도는 검사도구의 신뢰도와 타당도인데, 일반적으로 신뢰도를 제시한다.

다음은 한 연구에서 제시한 측정도구 신뢰도 부분의 예시이다[1].

김아영과 차정은(1996)이 개발하고, 김아영(1997)이 수정하여 사용한 일반적 자기효능감 척도를 본 연구에 맞게 수정하여 사용하였다[2]. 일반적 자기효능감 척도는 총 24문항으로 구성되어 있으며, 자신감 7문항, 자기조절효능감 12문항, 과제난이도선호 5문항의 3가지 하위요인으로 구성되어 있다. '전혀 그렇지 않다'에 1점에서 '매우 그렇다'에 4점으로 점수화하는 4점 Likert 척도로, 전체 점수범위는 24에서 96점이며, 점수가 높을수록 예비 유아교사의 자기효능감이 높다는 것을 나타낸다. 문항 중에서 효능감에 부정적인 개념에 관한 문항은 역재짐하였다(표에서 굵은 글씨 문항). 효능감 도구의 신뢰도 Cronbach's a는 자신감 .832, 자기조절효능감 .888, 과제난이도선호 .738, 총점은 .886으로 나타났다.

〈표 5-1〉 자기효능감 측정도구 문항 구성과 하위 요인별 신뢰도

문항내용	문항번호	문항 수	신뢰도
자신감	2, 6, 8, 12, 15, 16, 19	7	.832
자기조절효능감	1, 3, 4, 5, 7, 9, 10, 14, 18, 21, 23, 24	12	.888
과제난이도선호	11, 13, 17, 20, 22	5	.738
전체		24	.886

1) 하연희, 강신영, 김초롱, 김민정(2022). 예비유아교사의 학교만족도, 학업노력 정도에 따른 자기효능감과 사회적 지지. 인문사회21, 13(3), 1843-1858.
2) 김아영, 차정은(1996). 자기효능감과 측정. 산업 및 조직심리학회 동계학술발표대회논문집, 51-64.
김아영(1997). 학구적 실패에 대한 내성의 관련변인 연구. 교육심리연구, 11(2), 1-19.

측정도구 설명에 들어간 요소들은 다음과 같이 구성한다.

① 측정도구의 출처

② 전체 문항구성, 하위요소의 문항구성

③ 채점방법, 점수범위

④ 점수해석

⑤ 기타 특이사항, 참고사항

⑥ 신뢰도

일반적으로 연구에 사용된 측정도구는 전체 신뢰도가 .9 이상이면 준수하다. 알려진 표준화검사들은 실제 연구상황에서 .9 이상의 신뢰도를 보여준다. 연구자 제작검사라도 .8 이상이면 양호한 것으로 받아들여진다. 실제 측정치에서 .7대의 신뢰도가 나오면 제한사항에 대한 언급을 보충하는 것이 좋으며, .6대의 신뢰도라면 도구 사용을 재고(再考)할 필요가 있다.

신뢰도를 높이는 몇 가지 알려진 방안이 있는데, 역량평가지를 개발하는 과정에서 적용할 수 있는 것이 대부분이며, 심리특성을 측정하는 연구자로서 적용할 수 있는 대표적인 방안은 문항 수를 늘리는 것이다. 신뢰도는 문항 수가 많으면 높아진다. 동일한 주제의 검사라면 문항 수가 많은 쪽을 택한다. 연구대상은 문항 수가 적은 것을 선호하고, 연구자는 문항수가 많은 것을 선호하는데 그 접점을 잘 찾아야 한다.

어떤 검사는 하위영역 중에 문항 수가 3-4문항인 것이 있는데, 그 영역이 신뢰도가 낮게 나오는 경우가 많다. 표준화된 검사의 경우는 문항 수가 적어도 높은 신뢰도를 보이는 경우가 있다. 문항의 표집표본, 측정범위, 변별도, 난이도 등의 변수를 오랜 기간 많은 표본을 통해 정제하였기 때문이다.

다음은 적은 문항으로 높은 신뢰도를 보이고 있는 삶의 질 척도이다[3]. 7점 척도로 측정되며, 결과해석은 문항 아래의 지침과 같다.

---

3) Diener, E., Emmons, R., Larsen, J., & Griffin, S. (1985). The Satisfaction With Life Scale. J Personality Assessment, 49(1), 71-75.

삶의 질 척도 문항

1. 전반적으로 나는 나의 이상적인 삶에 가깝게 살고 있다.
2. 나의 생활환경은 아주 좋다.
3. 나는 내 삶에 만족한다.
4. 나는 지금까지는 내가 원하는 것을 이루어 왔다.
5. 나는 내가 다시 태어난다 해도 지금처럼 살 것이다.

점수 해석

35 - 31	Extremely satisfied	아주 만족함
26 - 30	Satisfied	만족함
21 - 25	Slightly satisfied	그런대로 만족함
20	Neutral	
15 - 19	Slightly dissatisfied	그런대로 불만족함
10 - 14	Dissatisfied	불만족함
5 - 9	Extremely dissatisfied	아주 불만족함

신뢰도는 얼마나 정밀하게 측정하느냐 하는 개념이다. 1/1000mm까지 측정하는 줄자는 신뢰도가 높다. 그러나 체중을 잴 수는 없다. 타당하지 않기 때문이다. 신뢰도가 정밀하다는 것은 오차가 작다는 말이다. IQ가 있다면 '진짜 지능'이라는 능력치가 있을 것인데, 그 능력치와 검사점수 간에는 오차가 발생할 수 있다. 그 오차를 줄이는 것이 신뢰도를 높이는 방법이다.

정밀한 줄자로 측정한다고 했을 때 여러 번 재면 원값에 가까운 측정치를 얻을 수 있다. 특히 아동연구에서는 아동의 발달적 특성과 개인적 특성에 따른 오차 변수가 있고, 검사도구 자체가 가진 융통성이 오차를 낳을 수도 있고, 검사 실시과정에서 생길 수

있는 오차 변수가 개입될 우려가 항상 있다.

이와 구별되는 개념으로, 타당도는 측정해야 할 속성을 제대로 측정하고 있느냐 하는 개념이다. 신뢰도가 올라간다고 해서 타당도가 올라가는 것은 아니나, 타당도가 올라가면 신뢰도는 어느 정도 올라간다. 타당도가 올라간다고 해서 신뢰도가 한없이 따라 올라가는 것도 아니다. 따라서 일정 이상의 신뢰도를 확보하려는 노력과, 타당도를 올리려는 노력이 함께 이루어져야 한다.

데이터 '05장코딩변경.sav'로 신뢰도를 산출한다. 참고로, 아래 표에 있는 하위영역의 신뢰도를 각각 산출하고, 전체 신뢰도를 산출할 것이다.

문항내용	문항번호	문항 수
자신감	2, 6, 8, 12, 15, 16, 19	7
자기조절효능감	1, 3, 4, 5, 7, 9, 10, 14, 18, 21, 23, 24	12
과제난이도선호	11, 13, 17, 20, 22	5
전체		24

① Analyze(분석)-Reliability(신뢰도)

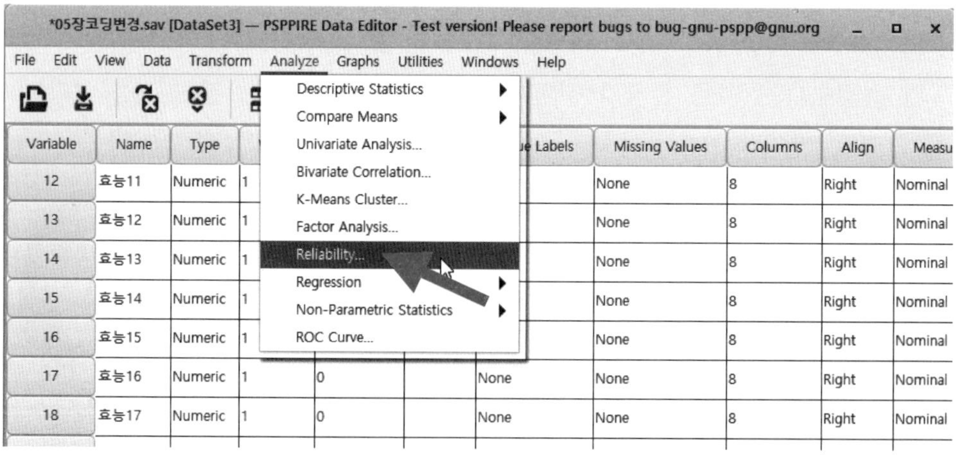

② 하위영역 '자신감'에 해당하는 문항번호를 선택하여 삼각형을 눌러 오른쪽으로 보낸다. 하나 선택하고 Ctrl을 누른 채 다른 것을 선택하면 원하는 것들을 여러 개 선택할 수 있다.

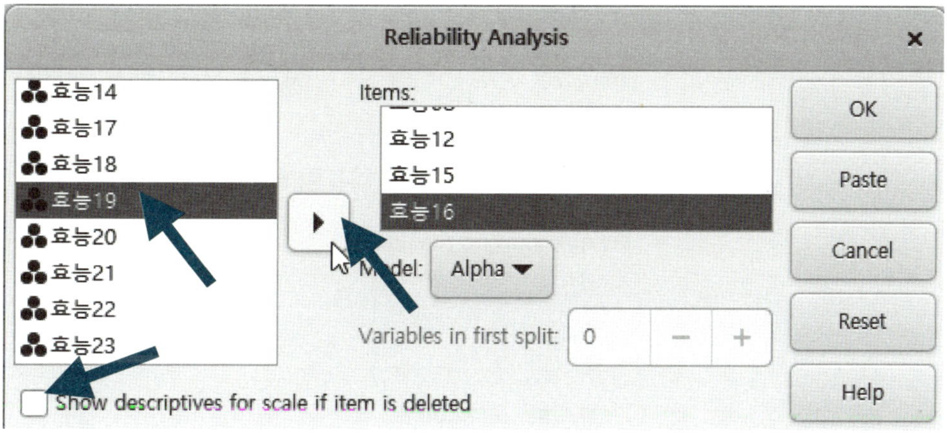

아래 Show descriptives for scale if item is deleted 체크박스에 체크하고 OK 버튼을 누른다. 이 체크박스는 도구 개발단계에서 각각의 문항이 삭제되었을 경우 신뢰도는 어떠한가 표시하게 하는 메뉴이다. 결과를 알기 위해 한번 체크하여 실습한다.

Case Processing Summary

Cases	N	Percent
Valid	45	100.0%
Excluded	0	.0%
Total	45	100.0%

Reliability Statistics

Cronbach's Alpha	N of Items
.72	7

Item-Total Statistics

	Scale Mean if Item Deleted	Scale Variance if Item Deleted	Corrected Item-Total Correlation	Cronbach's Alpha if Item Deleted
효능02	14.18	8.24	.37	.70
효능06	14.31	8.04	.31	.71
효능08	13.93	6.65	.51	.66
효능12	14.18	7.79	.43	.68
효능15	13.62	7.06	.48	.67
효능16	13.73	8.25	.33	.71
효능19	14.18	6.65	.57	.64

우리가 원하는 '자신감' 하위영역의 신뢰도 Cronbach' Alpha는 .72이다. 아래 큰 표는 각 문항별 통계값인데, 맨 오른쪽 칸이 해당 문항이 삭제되었을 경우의 신뢰도를 나타낸다. 이 영역의 전체 신뢰도는 .72인데, 어떤 문항을 삭제해도 .72를 넘

지 않는다. 만약 척도개발 중에 삭제했을 때 신뢰도가 올라가는 문항이 있다면 그 문항을 척도에서 빼는 과정을 검토해야 한다. 당장 빼지 않는 이유는 타당도 문제가 있기 때문이다. 반드시 측정내용에 포함해야 할 문항을 신뢰도 때문에 삭제한다면 타당도가 낮아진다. 한편, '효능 19' 같은 경우는 삭제하면 신뢰도가 .64로 크게 떨어진다. 이런 문항은 신뢰도를 향상시키는 좋은 문항이므로 빼면 안 된다.

③ 동일한 방법으로 '자기조절효능감' 영역의 12문항의 신뢰도를 산출한다.

Case Processing Summary

Cases	N	Percent
Valid	45	100.0%
Excluded	0	.0%
Total	45	100.0%

Reliability Statistics

Cronbach's Alpha	N of Items
.69	12

.69가 나왔다. 일반적인 연구에서 사용하기에는 낮은 신뢰도가 나왔다. 데이터 양이 충분하면 데이터 중에서 성의 없는 응답(한 숫자만 일관되게 적은 응답)이나 극단적인 응답(1, 5, 1, 5로 응답)을 찾아 제거하는 절차가 필요하다. 해결이 되지 않으면 신뢰도를 저해하는 요인을 연구의 제한점으로 언급하는 방법도 있다.

④ 동일한 방법으로 '과제난이도선호' 영역 5문항의 신뢰도를 산출한다.

Case Processing Summary

Cases	N	Percent
Valid	45	100.0%
Excluded	0	.0%
Total	45	100.0%

Reliability Statistics

Cronbach's Alpha	N of Items
-.33	5

-.33이 나왔다. 신뢰도에서 심각한 수준의 문제가 발생한 것이다. 이런 경우, 역산문항을 미리 준비하지 않아서 생긴 것일 확률이 크다. 앞서 '자신감' 영역은 전체가 역산문항이며, '자기조절효능감' 영역의 경우는 역산문항이 없으므로 역산 여부에 관계없이 신뢰도가 높게 계산되었으나, '과제난이도선호' 영역은 5문항 중 2문항이 역산문항이므로 미리 역산을 바꿔주지 않으면 이렇게 신뢰도에 심각한 문제가 발생할 수밖에 없다.

자기효능감 척도에서 "나는 부담스러운 상황에서는 우울함을 느낀다" 같은 문항은 아주 그렇지 않다고 1을 답한 곳에 5점을 주어야 자기효능감이 높은 점수를 받는다. 이러한 문항을 역산문항이라고 하며, 다음과 같이 역산코딩변경을 한다. 역산 후에는 **다른 이름으로 저장하면서 파일명에 "역산후"라고 표기**해야 한다. 그러지 않고 분석을 하면 문항 몇 개에 거꾸로 점수를 준 셈이 되어 결과를 신뢰할 수 없게 된다.

⑤ 데이터 '05장코딩변경.sav'를 열어준다. 앞 문항구성 표에서 굵은 글씨의 문항이 역산문항들이다. 변경을 확인하기 위해 역산문항 중 효능15의 5번 데이터는 4인 것을 확인한다.

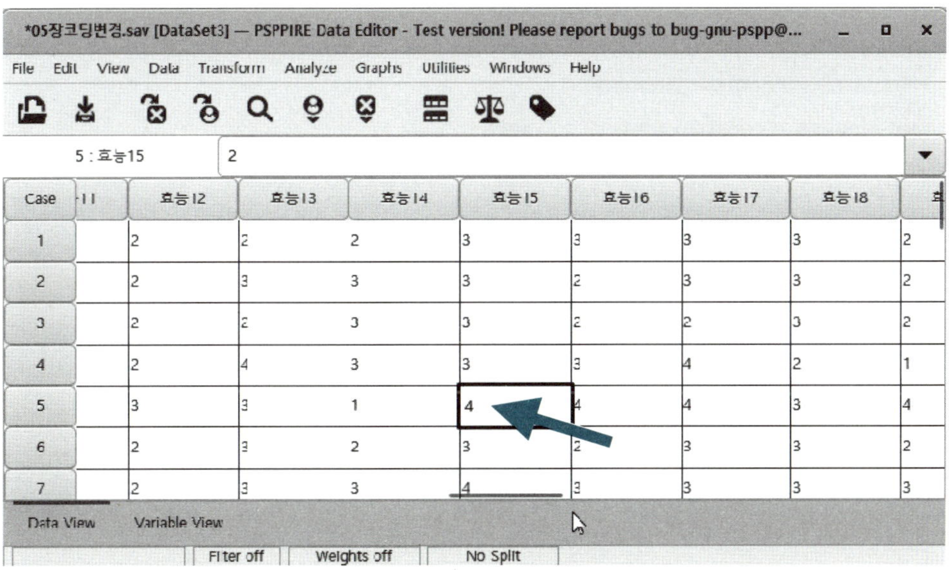

⑥ Transform(변환)-Recode into Same Variables(같은 변수로 재코딩)를 선택하여 역코딩 변수들을 변환한다.

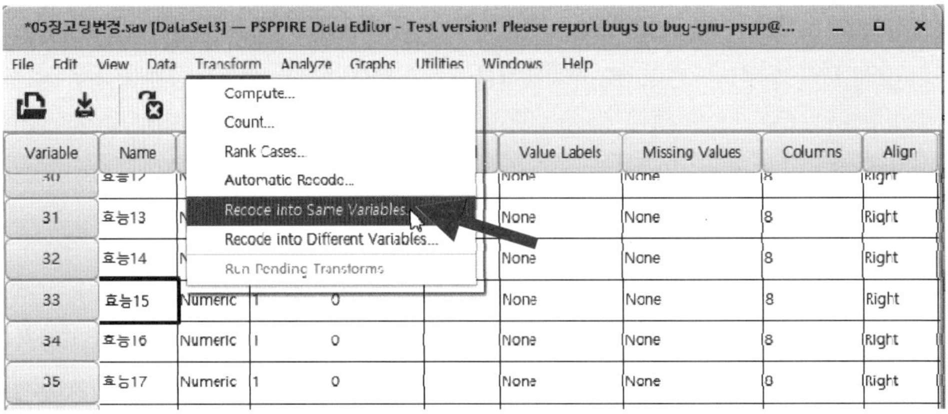

⑦ 굵은 글씨로 표시된 역코딩 변수를 선택하여 가운데 있는 삼각형을 눌러 오른쪽으로 보내고 변환값을 지정하기 위해 Old and New Values 버튼을 누른다.

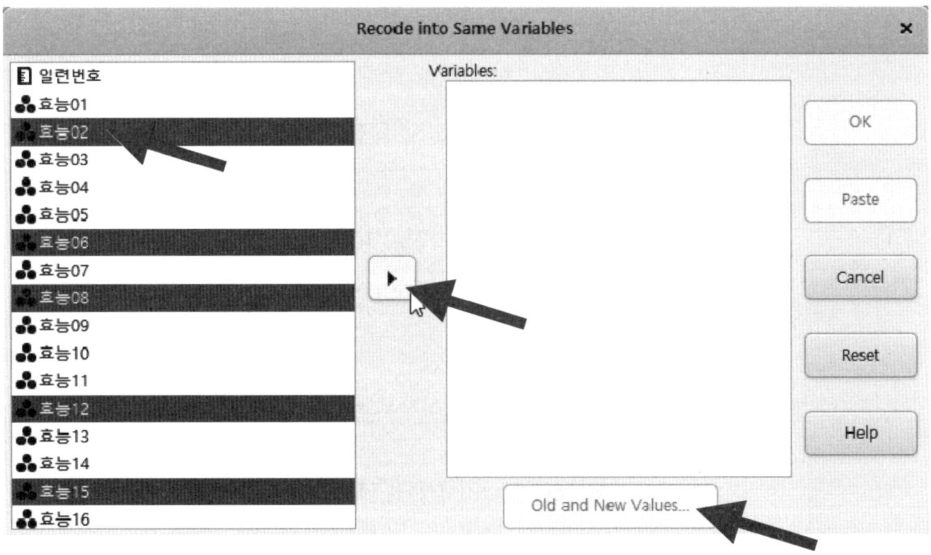

⑧ 왼쪽의 Value에 현재값을 쓰고, 오른쪽 New Value에 변환할 값을 쓴다. Add 버튼을 누르면 리스트에 Old값과 New값이 짝지어서 생성된다. 1부터 5까지 지정했으면 맨 아래 Continue 버튼을 누른다.

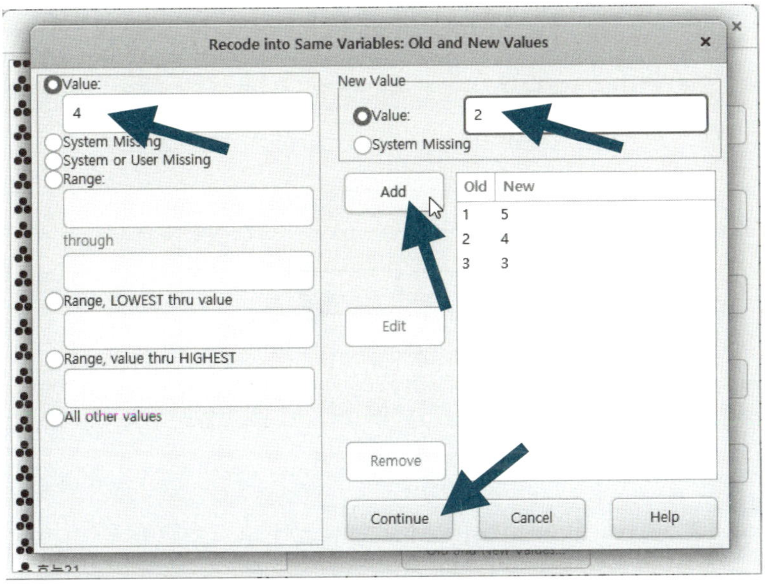

⑨ 새 값 설정이 끝나면 OK를 눌러 자료변환을 실행한다.

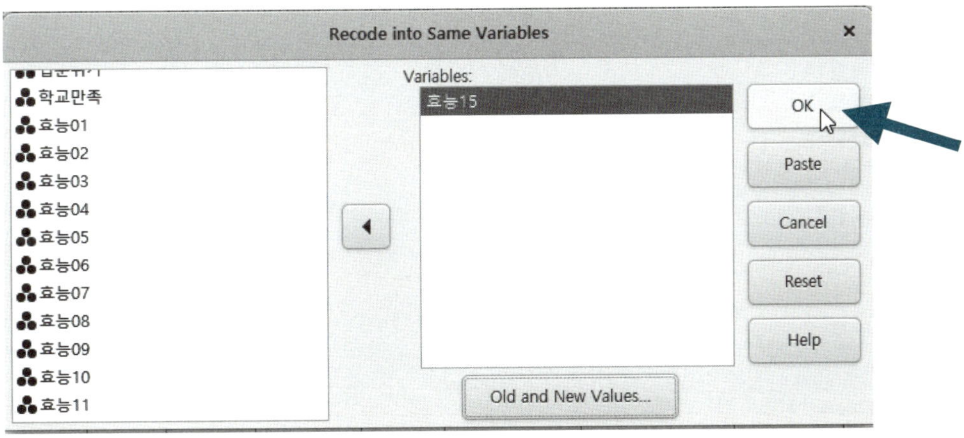

⑩ 효능15의 5번 데이터가 4에서 2로 변환된 것을 확인할 수 있다.

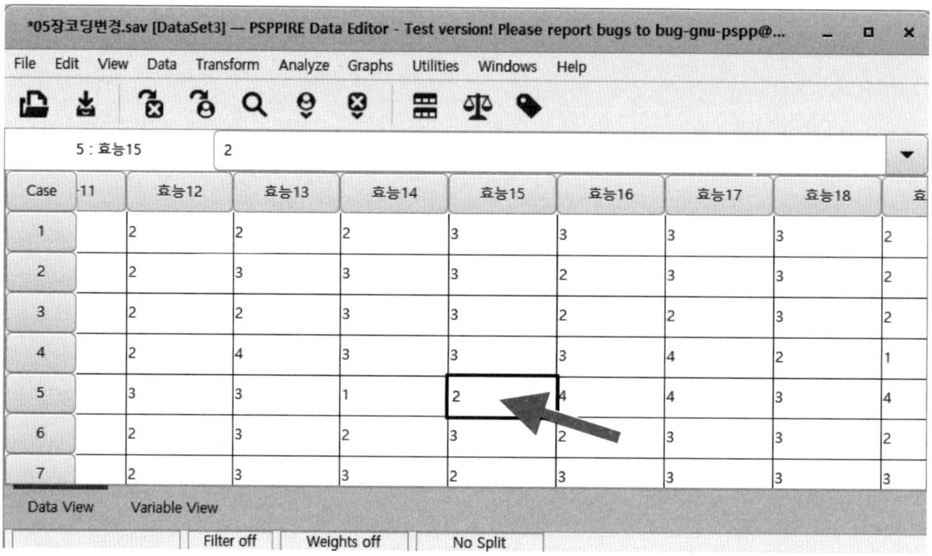

⑪ 다시 신뢰도 분석을 하는데, 이번에는 반복작업을 쉽게 할 수 있도록 명령문을 사용해 보기로 한다. '자신감' 영역인 2, 6, 8, 12, 15, 16, 19문항을 선택하고 Paste(붙이기) 버튼을 누른다.

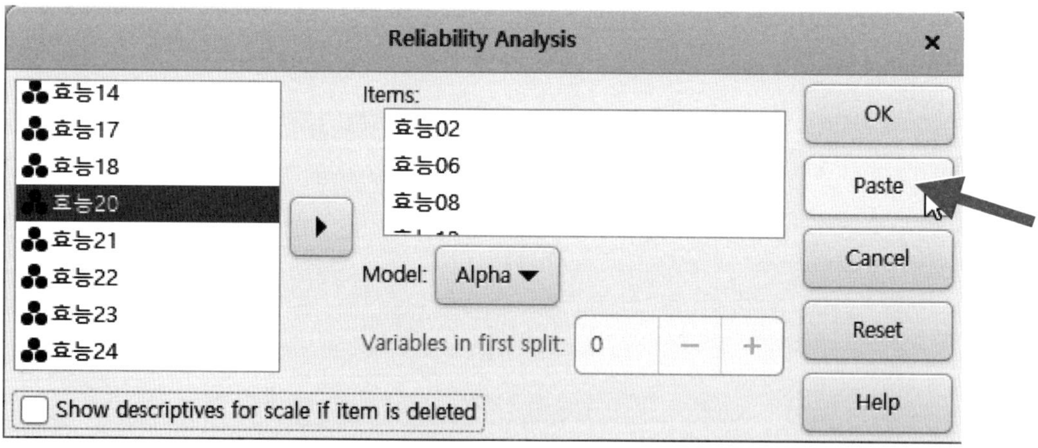

⑫ 명령문 창이 뜨면서 1-3행의 명령이 기록된 것을 볼 수 있다.
1-3행을 긁어서 Ctrl+c하여 복사한 후 4행 제일 앞을 눌러 커서를 두고 Ctrl+v로 옮겨붙인다.
'자기조절효능감' 영역은 1, 3, 4, 5, 7, 9, 10, 14, 18, 21, 23, 24문항이므로 효능01, 효능03 등으로 수정하여 타이핑한다. 띄어쓰기에 주의한다. 변수명 다음에 띄어 쓰지 않으면 분석할 때 오류가 난다.
동일한 요령으로 '과제난이도선호' 영역도 복사-붙여넣기-타이핑으로 수정한다.

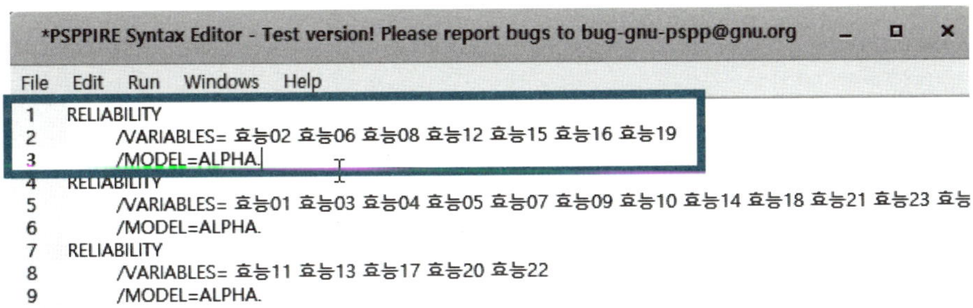

⑬ Run(실행)-All을 선택한다.

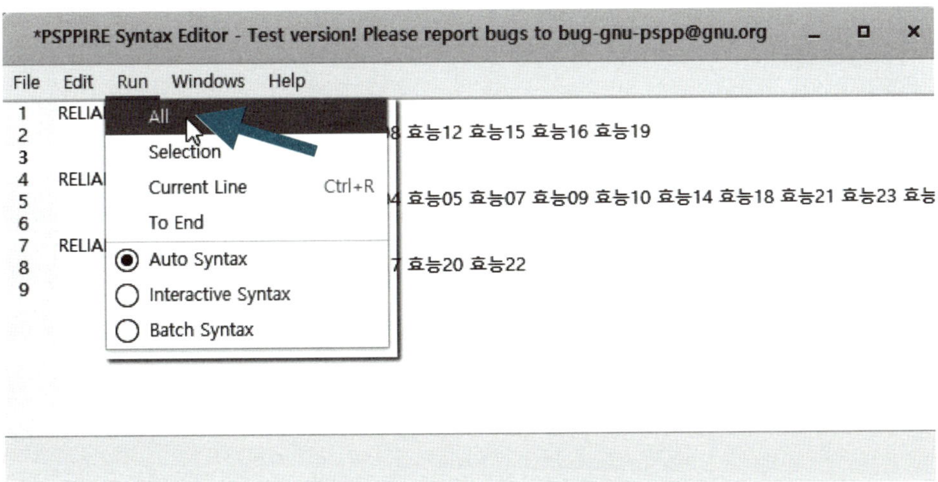

⑭ 결과가 아래와 같이 출력된다.

```
RELIABILITY
        /VARIABLES= 효능02 효능06 효능08 효능12 효능15 효능16 효능19
        /MODEL=ALPHA.
```

Scale: ANY

Case Processing Summary

Cases	N	Percent
Valid	45	100.0%
Excluded	0	.0%
Total	45	100.0%

Reliability Statistics

Cronbach's Alpha	N of Items
.72	7

```
RELIABILITY
        /VARIABLES= 효능01 효능03 효능04 효능05 효능07 효능09 효능10 효능14 효능18 효능21 효능23 효능24
        /MODEL=ALPHA.
```

Scale: ANY

Case Processing Summary

Cases	N	Percent
Valid	45	100.0%
Excluded	0	.0%
Total	45	100.0%

Reliability Statistics

Cronbach's Alpha	N of Items
.69	12

```
RELIABILITY
        /VARIABLES= 효능11 효능13 효능17 효능20 효능22
        /MODEL=ALPHA.
```

Scale: ANY

Case Processing Summary

Cases	N	Percent
Valid	45	100.0%
Excluded	0	.0%
Total	45	100.0%

Reliability Statistics

Cronbach's Alpha	N of Items
.78	5

'자신감' 영역과 '자기조절효능감' 영역은 이전의 출력결과와 동일하다. '과제난이도선호' 영역은 .78로 달라져 있다. 역산문항을 제대로 준비하지 않았던 것이 원인이었다.

⑮ 전체문항의 신뢰도를 계산하기 위해 명령문 창에서 신뢰도 분석 명령문 한 세트를 복사-붙여넣기 하고, 전체 문항을 옮겨붙인다.
지금 작성한 명령문 부분만 긁어 선택한 다음 Run(실행)-Selection(선택 부분만)을 누른다.

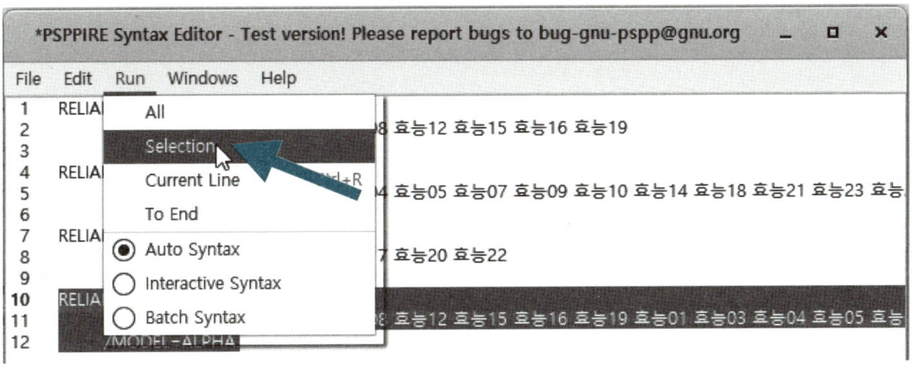

⑯ 전체 24문항의 신뢰도는 .77로 산출되었다.

```
RELIABILITY
        /VARIABLES= 효능02 효능06 효능08
14 효능18 효능21 효능23 효능24 효능11 효능
        /MODEL=ALPHA.
```

Scale: ANY

Case Processing Summary

Cases	N	Percent
Valid	45	100.0%
Excluded	0	.0%
Total	45	100.0%

Reliability Statistics

Cronbach's Alpha	N of Items
.77	24

아래 표와 같이 신뢰도를 보고한다.

문항내용	문항번호	문항 수	신뢰도
자신감	**2, 6, 8, 12, 15, 16, 19**	7	.72
자기조절효능감	1, 3, 4, 5, 7, 9, 10, 14, 18, 21, 23, 24	12	.69
과제난이도선호	11, **13, 17**, 20, 22	5	.78
전체		24	.77

(굵은 글씨는 역산문항)

06
CHAPTER

통계처리 준비

따라하는
양적연구방법

통계분석은 많은 자료들을 분석하여 의미를 찾아낸다. 자료들은 어떤 범위에 있으며, 어떤 점수에 가장 많이 분포하는가, 이 집단과 저 집단의 점수는 차이가 있는가, 어떤 점수는 다른 점수와 관계가 있는가 등 다수의 점수를 한두 개의 숫자로 줄여서 비교하거나 특정 의미를 가진 지표로 사용한다. 이런 분석을 실시하기 위해서는 주로 사용되는 몇 가지 개념을 알아야 하며, 데이터에서도 부분합, 부분평균을 생성해 두어야 한다.

1. 산포도

시험 채점을 해보니 수학 70점, 국어 80점이다. 수학보다 국어를 더 잘했다고 할 수 있을까? 반 평균이 수학 60점, 국어 90점이라면 반에서는 수학을 더 잘한 셈이다.

○ 평균(mean, *M*): 모든 값을 더해서 빈도수로 나눈 값.

예 1 20명 학급의 평균키는 키를 모두 더해서 20으로 나눈 값.

예 2 A고교 동창회 연봉 평균인데 한 명이 빌 게이츠

삼성그룹 내의 B고교 동창회와 위의 예2)의 A고교 동창회의 연봉평균이 같다면? A고교 동창회에서 빌 게이츠 아닌 다른 사람은 어느 누구를 뽑아도 B고교 동창회의 연봉보다 낮을 것이라고 생각할 수 있다.

평균이 같다고 해서 두 집단의 분포가 같은 것은 아니다. 점수가 흩어진 정도를 산포도(variation)라고 한다. 산포도를 나타내기 위해 평균과의 차이들을 구해서 그 차이들의 평균을 내면 같은 평균을 가진 집단이라도 분포가 다름을 숫자 하나로 표시할 수 있다.

○ 편차(deviation): 평균과의 차이.

편차를 구하기 위해 (점수-평균)을 계산하면 음수가 나올 수도 있다. 따라서 편차들의 평균은 0이 된다. 편차는 평균과의 거리라는 개념이므로 항상 양수라야 한다. 그래서 (점수-평균)을 제곱한다. 평균을 내려면 다 더해야 하므로 모든 케이스의 (점수-평균)을 각각 제곱하여 더한다. 그것이 제곱합(sum of squares, SS)이다.

제곱합을 케이스 수로 나누면 편차 제곱의 평균이 되어 산포도를 나타낼 수 있다. 이것을 분산(Variance, s^2)이라 한다. 원래는 케이스 수 n으로 나누어야 하지만 모집단이 아닌 표본집단인 경우 n-1로 나눈다. 즉 분산 = 제곱합 ÷ (n - 1)이다.

(n - 1)은 자유도(degree of freedom)와 값이 같기 때문에 '분산 = 제곱합 ÷ 자유도'라고 설명하기도 하는데, 정확히는 값이 같을 뿐이며, 분산에서 n-1로 나누는 이유는 오른쪽 QR에 있다[1].

분산은 편차들을 제곱한 값을 사용하지만 루트를 씌워야 평균과 크기비교가 용이하다. 이것을 표준편차라 한다.

○ 표준편차(standard deviation, *sd*): 분산의 제곱근. 편차 절댓값들의 평균.

2. 정규분포

평균과 표준편차는 산포도를 표현하는 대표적인 통계치이다. 이것으로 모집단을 추정하기에는 또 하나의 가정이 필요하다. '정규분포(normal distribution)'라는 가정인데, 평균을 중심으로 한 종 모양의 좌우대칭분포를 말한다. 실제로 자료들을 받아보면 n이 100 이상이면 정규분포에 가까워지는 것으로 알려져 있다. 다만, 하위집단을 3-4개 비교하려면 하위집단들이 정규분포를 따라야 하므로 논문을 쓸 때 연구대상을 400 이상으로 설정한다.

1) https://m.blog.naver.com/physicopianist/221079231724

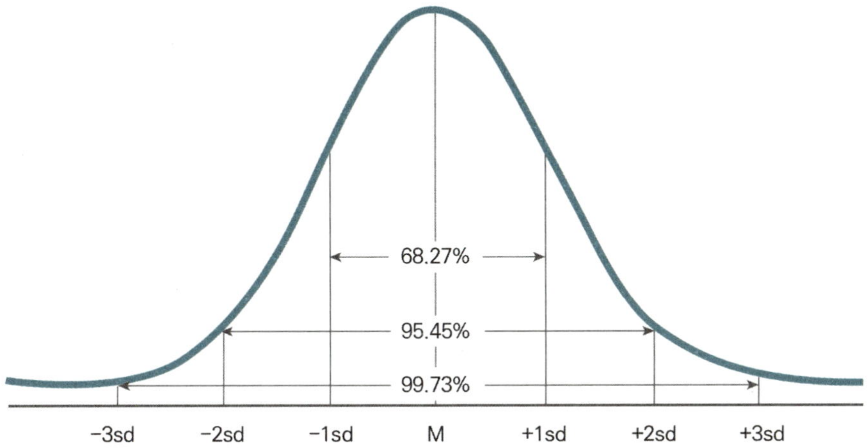

위 그림은 정규분포(혹은 정상분포)곡선이다. 가로축은 점수를 의미하며, 세로축은 빈도를 의미한다. 이상적인 정규분포는 M이라고 기록된 평균의 빈도가 가장 많다. 좌우로 갈수록 빈도는 적어진다. 그 적어지는 모양은 표준편차에 의해 결정되며, 평균의 좌우가 동일한 대칭을 이룬다.

정규분포상에서 평균을 중심으로 표준편차의 1배만큼 더하고 뺀 범위 내에 전체의 68%가 분포한다. 2표준편차 안에는 약 95%가 존재하며, 3표준편차 안에는 약 99%가 존재한다. 통계분석에 정규분포를 사용하는 것은 n이 일정 이상 커지면 정규분포를 따르기 때문에 정규분포의 이러한 속성을 활용하여 모집단의 속성을 추정하는 것이다.

지능검사 같은 표준화검사나 수능 같은 대규모 시험은 n이 충분히 크므로 그 점수가 정규분포를 따른다고 가정하고 있다. 지능검사의 경우, 평균 100, 표준편차 15(혹은 16)의 분포를 상정하는데, 이것은 지능지수 85에서 115 사이에 전체의 약 68%가 분포하며, 70에서 130 사이에 전체의 약 95%가 분포함을 나타낸다.

대규모 시험에서는 표준점수인 T점수를 산출하여 수험생의 상대적 위치를 파악하게 해준다. T점수는 평균을 50점으로 하고, 표준편차를 10점으로 하는 표준점수이다. 100점 만점의 점수에 익숙하므로 T점수의 수치는 익숙하다. 이론적으로는 40점에서 60점에 약 68%가 존재하고, 30점에서 70점 사이에 약 95%가 존재하는 것으로 되어 있지만 실제 사례의 점수는 50점 근처에 대부분 집중되는듯하게 보이므로 한계가 있다.

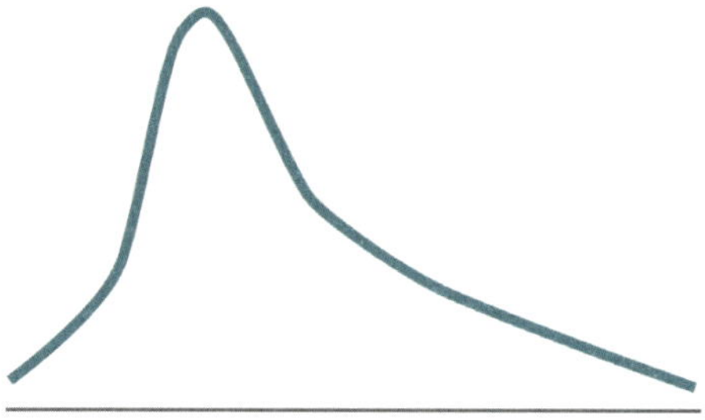

왜도가 +
정적 편포

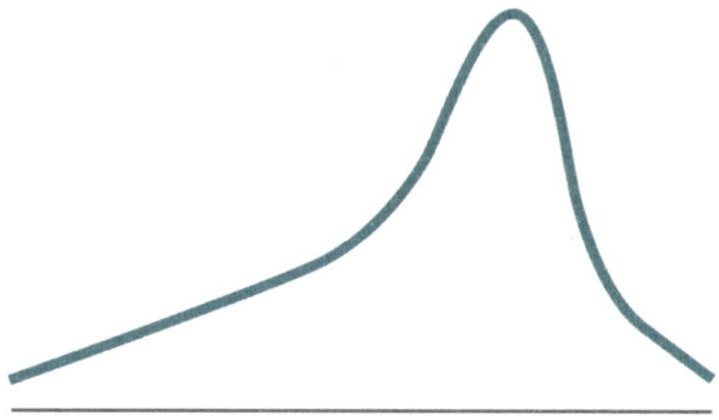

왜도가 –
부적 편포

실제 분포는 정확하게 대칭의 그래프로 그려지지 않는다. 한쪽으로 기울어진 종 모양이 되는데, 이를 편포라 하며, 편포를 알아보는 수치를 **왜도(skewness)**라 한다. 정규분포는 왜도가 0이다. 분포도가 왼쪽으로 치우치면 왜도가 양수이므로 정적편포(positive skewed distribution)라 하고, 오른쪽으로 볼록하넌 왜도가 음수이므로 부적편포(negative skewed distribution)라 한다.

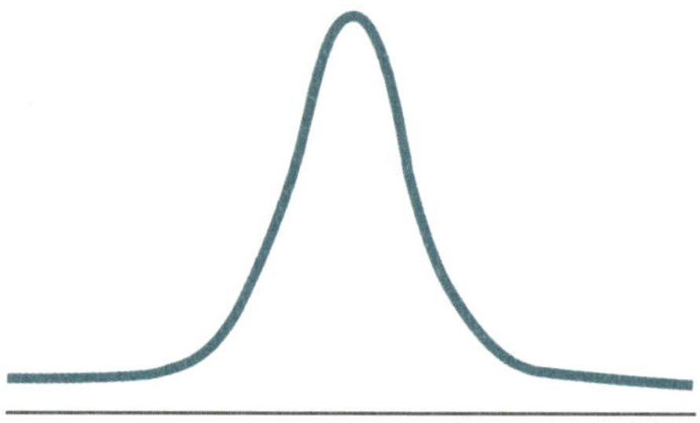

첨도가 0보다 큼

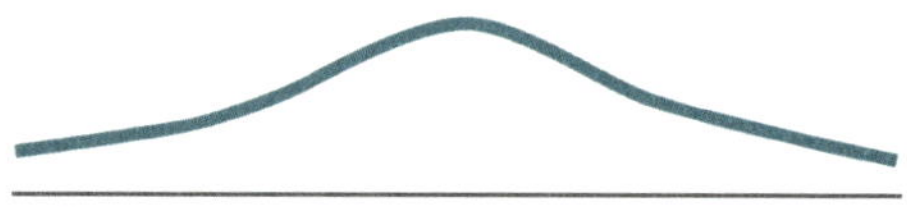

첨도가 0보다 작음

또, 어떤 분포는 방패처럼 넓게 퍼지지만, 산처럼 뾰족하기도 하다. 뾰족한 정도를 **첨도(kurtosis)**라고 한다. 정규분포는 첨도가 0이다. 0보다 크면 평균을 중심으로 많이 모인 뾰족한 곡선이 되고, 0보다 작으면 평평하고 넓은 분포가 된다.

실제 자료에서는 왜도와 첨도가 0이 되기 어려우므로 왜도, 첨도의 범위를 정해 **정규성을 가정**한다. 학자에 따라 **왜도의 절댓값 2 미만, 첨도의 절댓값 7 미만**으로 보기도 하고[2], 왜도의 절댓값 3 미만, 첨도의 절댓값 10 미만으로 보기도 한다[3]. (정규

성을 가정하는 다른 방법들도 있다)

정규성을 가정하는 것은 왜도와 첨도의 일정 범위 안에 있으면 정규분포의 특성을 가진다고 보는 것이다. 실제 자료에는 봉우리가 두 개가 양극단으로 치우친 경우도 있고, 정규분포 가정값을 벗어난 경우도 있으므로 정규분포를 확인하는 작업은 통계분석을 하기 전에 꼭 필요하다.

3. 유의도

읽기능력을 향상시킬 프로그램을 적용했는데, 토끼반의 읽기점수 평균은 110점이고, 다람쥐반의 읽기점수 평균은 114점이다. 두 반의 점수는 차이가 있을까? 인원수와 산포도에 따라 차이가 있다고도 할 수 있고, 없다고도 할 수 있다. 이때 연구자는 가설을 세우고 통계적으로 검증한다.

차이가 없다(=0)는 가설을 영가설(귀무가설)이라 하는데, 그와 대립되는, 차이가 있다는 가설을 대립가설(연구가설)이라 한다. 우리는 통계분석을 통해 답을 결정하는데, 결정한 답이 틀릴 수도 있다. 가설이 참인데 거짓이라고 답하는 것을 '1종 오류'라고 하며, 그 **확률(probability, p)**을 **유의도 수준(significant level)**이라고 한다. 보통 1종 오류가 발생할 확률이 5% 미만이라면 그 답은 유의미하다고 인정한다. 그것을 $p<.05$라고 표시한다.

즉 우리가 하는 통계분석에서 산출되는 p값이 0.05보다 작으면 **'통계적으로 유의미하다'**라는 표현을 쓴다. 이를테면, 차이검증에서 p값이 0.02로 산출되면 두 집단의 차이는 통계적으로 유의미하다. 이때 0.02라고 표시해 주는 것이 아니라 차이검증에서 산출한 통계치를 적어주고, 그 위에 *를 붙인다. 통계표 밖에 **$^{*}p<.05$**라고 주를 달아준다.

통계분석을 하다보면 유의도가 더 큰 경우가 산출된다. 다시 말하면 차이가 더 확실하다, 상관관계가 더 확실하다, 영향력이 더 확실하다는 의미이며, 이렇게 결

2) Curran, P. J., West, S. G., & Finch, J. F. (1996). The robustness of test statistics to nonnormality and specification error in confirmatory factor analysis. Psychological Methods, 1(1), 16-29.
3) Kline, T. J. (2005). Psychological testing: A practical approach to design and evaluation. Sage Publications.

론 냈을 때 틀릴 확률이 1%와 0.1%보다 적다는 뜻이다. 통계표 밖에 ** $p < .01$, ***$p < .001$로 표시한다.

예 예비유아교사의 자기효능감이 스트레스에 미치는 영향[4]

모형	B	Beta	R	F	R^2
(상수)	1.400				
자신	-.356	-.425			
조절	.009	.007			
난이	.078	.082	.404	35.687***	.163

***$p < .001$

p값에 대하여

p값을 위주로 한 통계분석은 영가설 유의성 검증(Null Hypothesis Significance Testing, NHST)이라고 불린다. 두 점수 간에 차이가 없다는 가설(=영가설)하에서 연구자가 얻은 데이터가 영가설을 지지할 확률을 p(probability; 확률)로 둔다. 통계적 용어로는 "관측된 자료 혹은 그보다 극단적인 자료가 관측될 확률"이라고 한다. 영가설이 참인데 기각하는 오류(=1종 오류)에 빠질 확률로 표현하기도 한다. 즉 영가설을 지지하는 확률이다.

p값이 충분히 작으면 연구자는 영가설을 기각하는데, 그 기준이 Ronald Fisher에 의해 5% 이하로 설정되었다[5]. 이것이 유의수준(level of significance)의 개념이다. Fisher는 영가설 기각만 언급하였고, 5%도 유동적인 수준이라고 언급하였는데 이후 고정적인 기준처럼 사용되며 영가설을 기각하고 대립가설(=연구가설)을 채택하는 쪽으로 바뀌어왔다.

사실상 현대 연구에서 새로운 발견을 했는데 다른 학자가 똑같이 해보면 그런 결과가 잘 나오지 않는 경우가 많았다. 앞선 연구의 신뢰성에 대한 의혹이 커지게 되었다. 따라서 0.005로 바꾸자는 제안도 나왔다[6]. 현재 p값 0.05에 해당하는 Bayes factor 값은

4) 강신영(2012). 예비유아교사의 자기효능감이 스트레스에 미치는 영향. 한국보육지원학회 추계학술대회 포스터발표.
5) Fisher, R. A. (1925) Statistical Methods for Research Workers. Oliver and Boyd, Edinburgh, Scotland.
6) Benjamin, D. J., Berger, J. O., Johannesson, M. et al. (2018). Redefine statistical significance. Nat Hum Behav 2, 6–10. [https://doi.org/10.1038/s41562-017-0189-z]

2.5-3.4인데, p값을 0.005로 바꾸면 Bayes factor 값이 14-26으로 높아져, 이 기준으로 유의한 발견이 나오면 '실질적인 강한' 증거가 된다는 것이다. 따라서 위양성률도 낮아지는데, p값 0.05에서는 33% 이상이었던 위양성률이 p값 0.005에서는 5%까지 낮아졌고, 심리학 연구는 24%에서 50%로, 실험경제학 연구는 44%에서 85%로 연구의 재현성이 높아졌다고 한다.

4. 변수계산

각 문항에 대한 응답은 받았으나 평균은 아직 구해지지 않은 상태이므로 평균을 하나의 변수로 생성해 두어야 한다. 이때 사용할 수 있는 기능이 변수계산이다. 어떤 척도의 하위요소들 각각의 평균 계산에도 사용하는 기능이므로 자주 사용하는 기능이다.

데이터 '05코딩변경_역산후.sav'를 연다.

① Transform(변환)-Compute(변수계산)

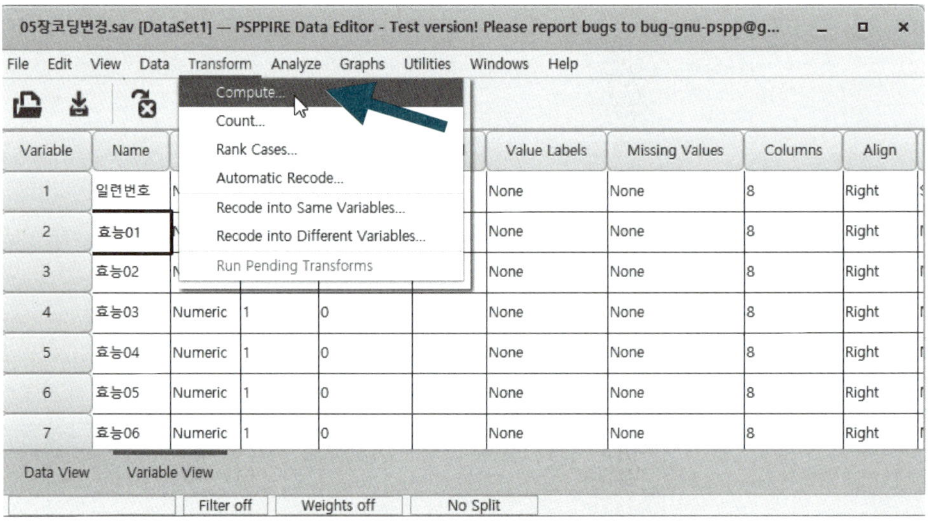

② Target Variable에 생성될 변수명을 "효능평균"이라고 입력한다.
오른쪽 아래 함수들 중 평균을 구하는 함수 MEAN을 찾아 삼각형 버튼을 누른다.

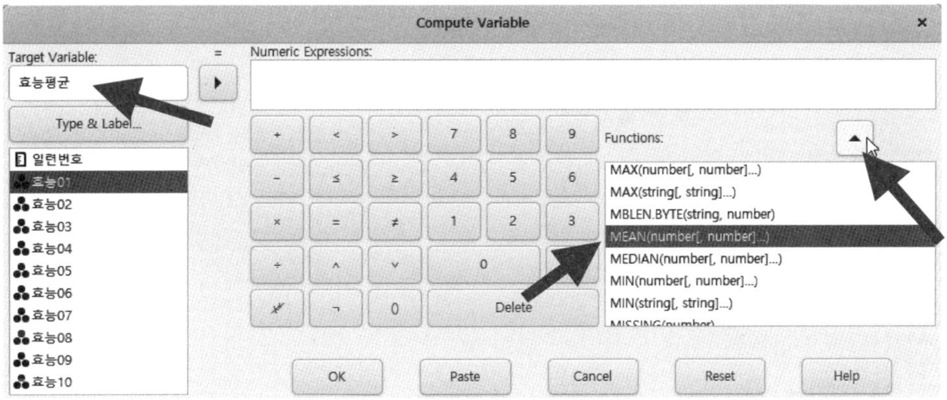

MEAN(number[, number]...)이라는 의미는 평균을 구할 숫자를 number 자리에 기입하는데, 그다음 숫자를 쓰려면 쉼표와 띄어쓰기를 하라는 뜻이다.

예 MEAN(효능15, 효능17, 효능19, 효능23, 효능46)

③ Numeric Expressions에 MEAN(?)이라고 올라와 있는데, ?자리에 커서를 두고 왼쪽의 변수 리스트에서 하나씩 선택하여 삼각형 버튼을 눌러 MEAN으로 보낸다.

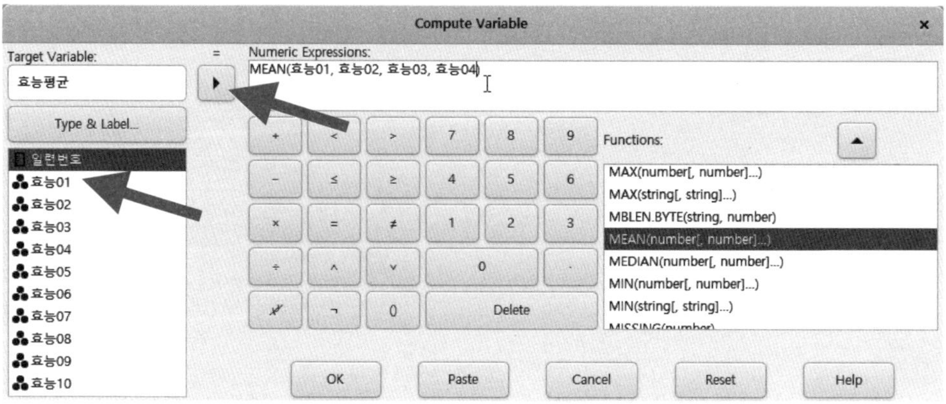

효능24까지 하나씩 찍어서 보내면서 쉼표와 띄어쓰기를 해준다. 하나씩 찍어서 보내기 번거롭다면 커서를 Numeric Expressions 창에 두고 직접 타이핑을 할 수도 있다.

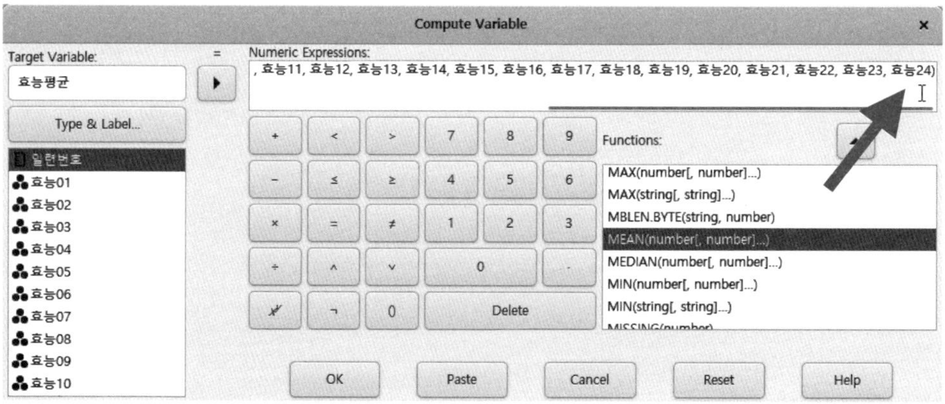

④ 모든 변수를 다 입력하고 아래 OK 버튼을 누르면 데이터에 "효능평균"이 생성된 것을 확인할 수 있다.

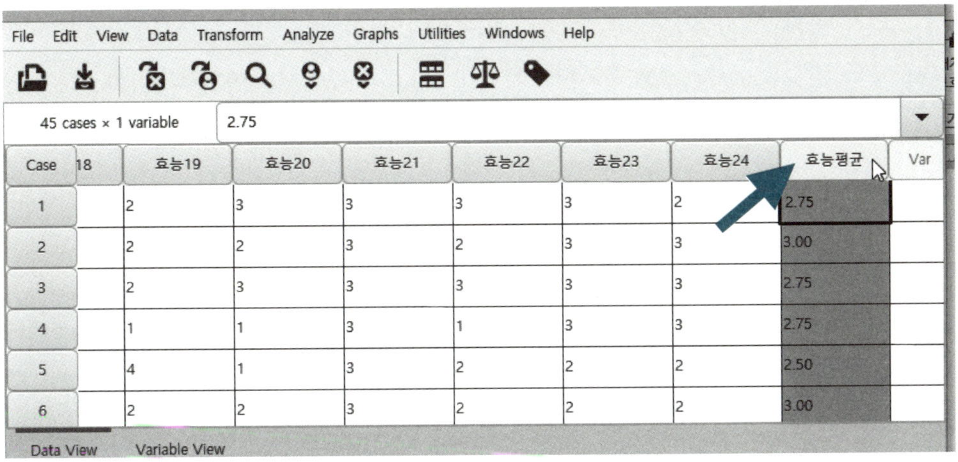

이 작업에서 그림과 같이 생성되지 않고 오류가 날 경우 대부분은 앞 단계에서 Numeric Expressions 창에서 변수 이름 뒤에 쉼표 뒤에 한 칸 띄우기가 빠짐없이 되어 있는가 점검할 필요가 있다.

실습과제

본 연구에 사용된 자기효능감 척도[7]에는 3가지 하위영역이 있다. 밑줄 그은 역산문항을 코딩변경하고 각 하위영역별 평균을 생성하시오.

문항내용	문항번호	문항 수
자신감	2, 6, 8, 12, 15, 16, 19	7
자기조절효능감	1, 3, 4, 5, 7, 9, 10, 14, 18, 21, 23, 24	12
과제난이도선호	11, 13, 17, 20, 22	5
전체		24

7) 김아영(1997). 학구적 실패에 대한 내성의 관련 변인 연구. 교육심리연구, 11(2), 1-19.

5. 다중응답(SPSS)

설문에서 피해야 할 질문 중 하나는 다중응답이다. 하나만 고르도록 해도 n수가 많아지면 여러 개 고른 것과 동일한 결과가 나오는 것으로 알려져 있다. 다중응답은 처리가 까다롭고, 해석이 다른 분석방법에 비해 명쾌하지 않기 때문이다. 그럼에도 불구하고 처리해야 한다면 2가지 방법이 있다.

첫째, "여러 개의 선택지 중 2개를 고르시오"
통계처리할 때 두 변수를 할당해서 응답1, 응답2로 코딩하면 된다. 선택지의 번호를 각 변수에 기록한다(범주형, categories). 어떤 선택지가 가장 많이 선택받는지를 알 수 있다.

둘째, "모두 고르시오"
선택지가 15개라면 응답01, 응답02, … 응답15까지 변수 15개를 할당하여 선택했다면 1, 선택하지 않았다면 0으로 이분형(dichotomies) 코딩을 한다. 선택지 각각에 대한 충성도를 알 수 있다.

"중요하다고 생각되는 순서대로 3개만 고르시오"는 개인에게는 의미있게 해석가능한 질문이지만 통계처리하고 해석하기에는 까다로운 질문이다. 1순위에는 가중치라는 것을 부여해야 하기 때문이다. 또, 가중치에 따라 결과가 달라질 수 있으므로 분석과 해석이 매우 복잡해진다. 그러나 n수만 많아지면 하나만 고르라고 해도 실질적으로 동일한 결과가 나타나므로 가능한 피하는 것이 좋다.

PSPP와 jamovi에서는 아직 다중응답 메뉴를 제공하고 있지 않다. PSPP의 명령문 기능에서 작업이 가능하기는 하다. jamovi에서는 jamovi library에서 ufs 모듈을 다운받으면 분석가능하다.

SPSS에서는 다중응답분석이라는 메뉴를 제공하고 있다. 다음은 SPSS에서 다중응답분석을 한 사례이다.

① Analyze(분석)-Multiple Response(다중응답)-Define Sets(변수군 정의)
응답1, 응답2로 받은 두 변수를 통합해서 하나로 처리하도록 묶는 작업이다.

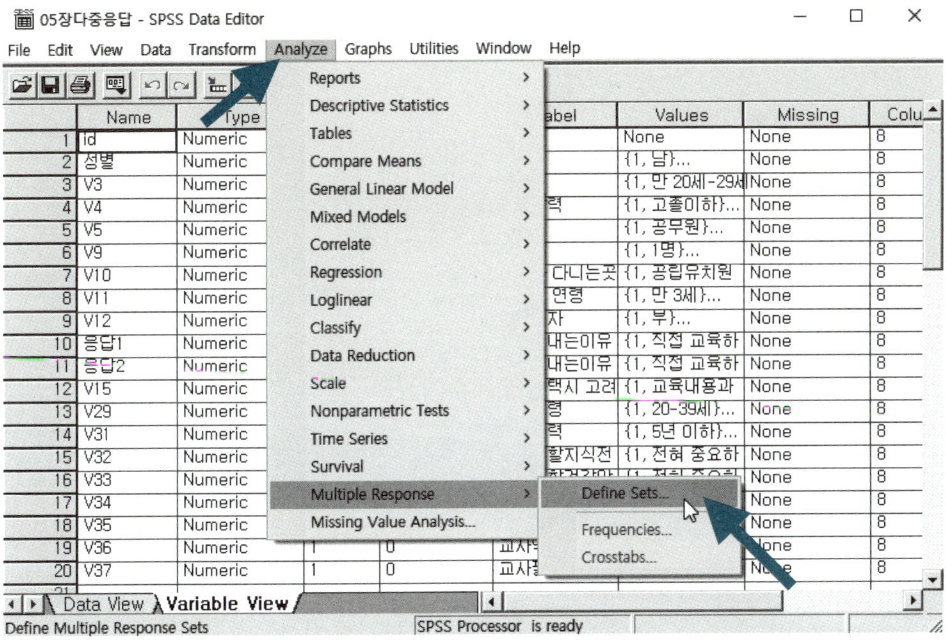

② 응답1, 응답2를 선택하고 삼각형을 눌러 Variables in Set로 보낸다.
응답1, 2에서 각각 1에서 7까지 선택하게 했으므로 Categories(범주형)에 점을 찍고, Range(범위)는 1과 7을 적어준다.
Name에는 생성될 다중응답변수군의 이름을 짧게 적어주고 Label에는 의미를 설명해 둔다.

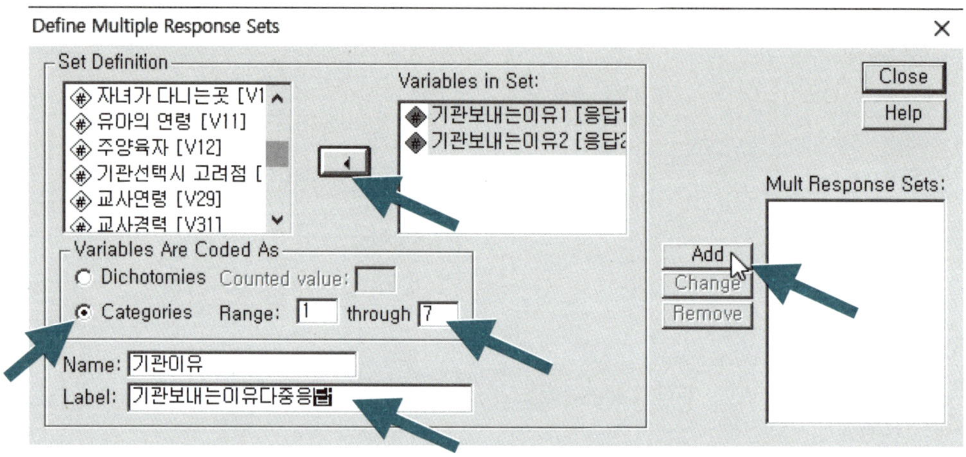

Add를 누르면 오른쪽 아래 창에 변수군이 생성되었다.
Close를 누른다.

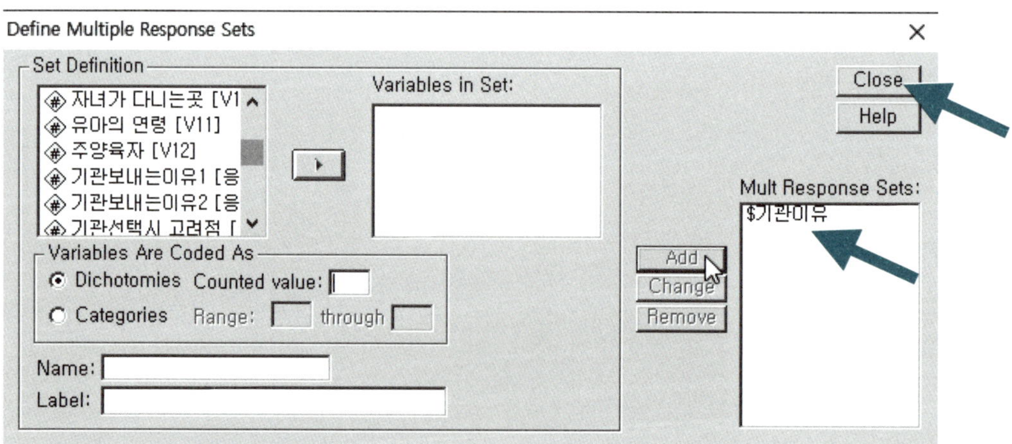

③ 다중응답은 빈도분석과 교차분석만 가능하다. Frequencies(빈도분석)를 선택한다.

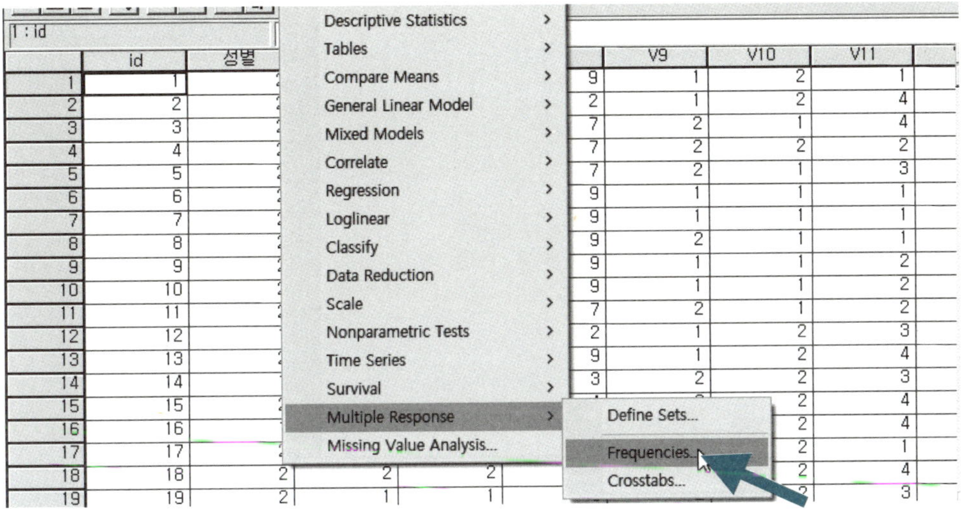

④ Multiple Response Frequencies 창이 뜨면 생성시킨 변수군이 보인다. 삼각형을 눌러 오른쪽 Table(s) for로 보내고 OK를 누른다.

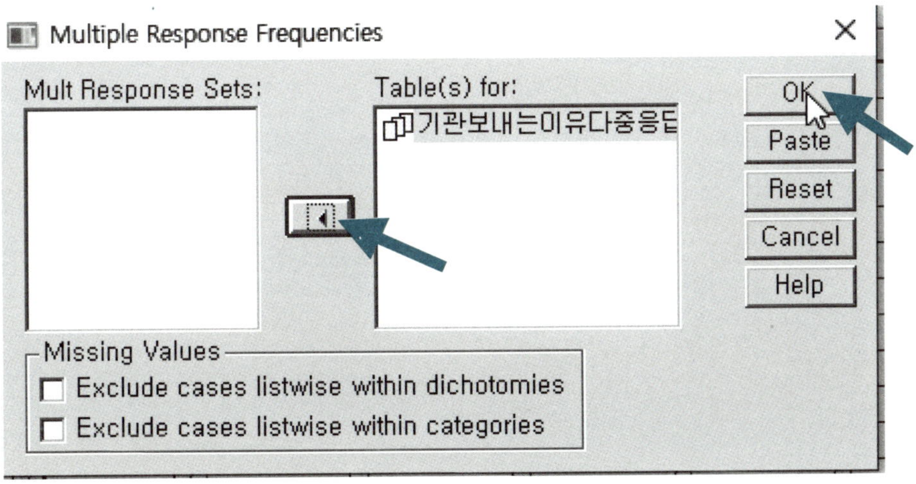

결과는 다음과 같이 나온다.

➡ Multiple Response

Group $기관이 기관보내는이유다중응답

Category label	Code	Count	Pct of Responses	Pct of Cases
직접 교육하기가 힘들어서	1	23	3.8	7.5
초등학교 교육에 잘 적응시키기 위한 예비	2	137	22.5	44.9
또래와 상호작용을 통한 사회성발달을 위해	3	163	26.8	53.4
정서적인 안전을 위해	4	78	12.8	25.6
신체적 활동과 기본생활 습관을 위해	5	127	20.9	41.6
학습 및 예능기술을 익히기 위해	6	80	13.1	26.2
기타	7	1	.2	.3
Total responses		609	100.0	199.7

0 missing cases; 305 valid cases

Abbreviated Name	Extended Name
$기관이	$기관이유

오른쪽 아래를 보면 305 valid cases가 있다. 유효한 응답자 n은 305이다.

표에서 Count는 응답1, 응답2를 합한 빈도수이다. 전체 응답수는 609이다.

Pct of Responses는 반응의 백분율이다. 총 응답수가 609이므로 해당 응답의 609에 대한 백분율이다. 1번 선택지의 3.8은 23÷609×100이다.

Pct of Cases는 cases(응답자 수)에 대한 백분율이므로 305에 대한 백분율이다. 응답 전체는 609이므로 199.7%이다. 1번 선택지의 7.5는 23÷305×100이다.

만약 이 문항을 다중응답 설명의 두 번째 경우같이 원하는 것을 모두 고르는 방식으로 설문하면 지금처럼 변수 2개를 묶는 것이 아니라 변수 7개를 묶게 된다.

설문지를 보면서 선택지에 따라 7개의 변수에 선택하면 1, 선택하지 않으면 0으로 코딩해야 한다. 만약 305명이 7개 모두 선택한다면 Count수는 2,135까지 나올 수 있다. 마찬가지로 Pct of Cases도 700%까지 나올 수 있다.

만약 Pct of Cases가 300% 정도 나온다면 평균적으로 7개 선택지 중 3개에 응답한 것으로 볼 수 있다. 각 선택지의 백분율은 응답자 수에 대한 그 선택지를 선택한 응답의 비율이다. 예를 들어, 100부 설문지 중에 1번 선택지의 Pct of Cases가 80%라면 80명이 1번 선택지를 선택한 것이다. 그러므로 그 선택지에 대한 충성도를 나타낸다.

07
CHAPTER

차이 검증

따라하는
양적연구방법

통계분석을 하는 대표적인 이유는 전체의 분포를 알고, 내가 세운 가설(주로 차이가 있을 것이다)을 입증해 내기 위함이다. 참고로, '차이'는 뺄셈으로 표시하는데, 뺄셈을 해서 0이 나오면 차이가 없다는 뜻이므로 차이가 없을 것이라고 하는 가설을 영가설(零假說=null hypothesis=H_0) 혹은 귀무가설(歸無假說)이라고 한다.

차이는 0이 아닐 것이라는 가설은 영가설과 대립하므로 대립가설(對立假說=alternative hypothesis=H_1)이라고 한다. 연구자가 입증해야 할 가설이므로 연구가설이라고도 한다.

본 책에서는 통계프로그램을 이용한 분석방법을 중심으로 가장 핵심적인 사용방법만 다루고 있다. 지금은 클릭만으로 복잡한 분석들을 해내는 시대이지만 양적 연구를 계속한다면 통계용어들이 나올 때마다 개념을 찾아 공부하면 깊이 있는 이해에 도움이 될 것이다.

빨강반 IQ 평균은 103, 파랑반 IQ 평균은 107이라고 할 때, 파랑반 IQ가 빨강반 IQ보다 높다고 할 수 있을까? 단순히 숫자만 보면 4점이라는 차이가 있지만 전체적인 분포를 보아야 이 차이가 유의미한 차이인지, 의미 없는 차이인지 판단할 수 있다.

통계프로그램을 이용한 통계분석을 하면서 "유의미한 차이가 있다(혹은 유의미한 관계이다)"라는 표시는 유의도(Sig.) 값을 보면 알 수 있다. 앞에서 언급한 대로 유의도는 3가지 수준이 있으며, 각각 $p<.05$, $p<.01$, $p<.001$이다. 이를테면, 유의도 값이 .05보다 작으면 보고서에는 별표를 하나 붙인다. 연구자들은 통계프로그램을 돌리고 결과가 산출될 때 Sig.라는 칸의 숫자가 .02처럼 .05보다 작기만을 학수고대한다.

1. 교차분석(카이검증, SPSS)

차이검증은 주로 평균점수를 집단에 따라 비교할 때 사용하지만 명명척도로 수집된 자료로도 가능하다. 남자 몇 명, 여자 몇 명 이렇게 범주로 분류되거나, 취학을 준비하기 위해, 현재를 행복하게 살기 위해 등 선택지로 분류된 변수를 행과 열의 교차표로 요약하기 때문에 교차분석이라고도 한다.

교차분석 중에서 우리가 주로 사용하는 분석은 피어슨의 카이제곱(Pearson's χ^2) 검증이다. 실제 빈도인 관찰빈도(observed frequency)와 각 셀에서 통계적으로 기대되는 기대빈도(expected frequency) 간에 차이가 있는지를 카이제곱 분포(chi-squared distribution)를 참조해 두 변인의 차이를 검증하는 기법이다.

카이제곱 검증은 2가지 기본가정을 만족해야 한다.
첫째, 각 셀의 기대빈도는 5보다 커야 한다.
둘째, 기대빈도가 5보다 작은 셀은 전체 셀 수의 20% 미만이어야 한다.

기본가정을 만족하지 않는 경우 피셔의 정확도 검정(Fisher's exact test)을 실시함으로써 분석을 진행할 수는 있다. 실제 연구상황에서 3~5가지 범주의 변수에서 빈도의 교차표를 작성해 보면 셀의 기대빈도가 5 미만인 셀이 의외로 많다. PSPP에서는 기본가정을 만족하지 않을 경우 오류가 나고 분석을 진행하지 않는다. 연구문제로서 명명척도의 차이검증은 학문적 가치가 크지 않은 경우가 많을뿐더러 분석결과도 잘 나오지 않으므로 권하지 않는다. 다만 그 방법의 소개를 위해 SPSS에서 교차분석을 실시하였다.

데이터 '05장다중응답.sav'를 불러온다.

① Analyze(분석)-Descriptive Statistics(기술통계)-Crosstabs(교차분석)

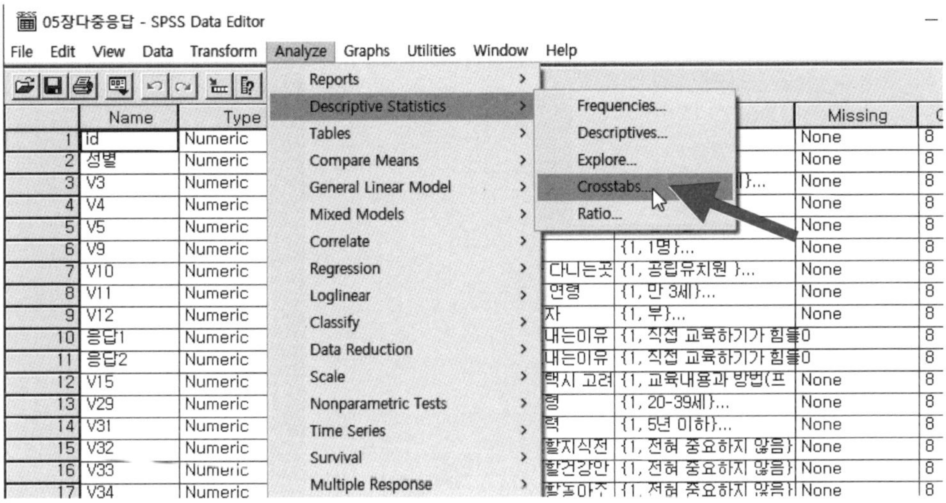

② 보고자 하는 변수를 Row(행)와 Column(열)에 배치한다.

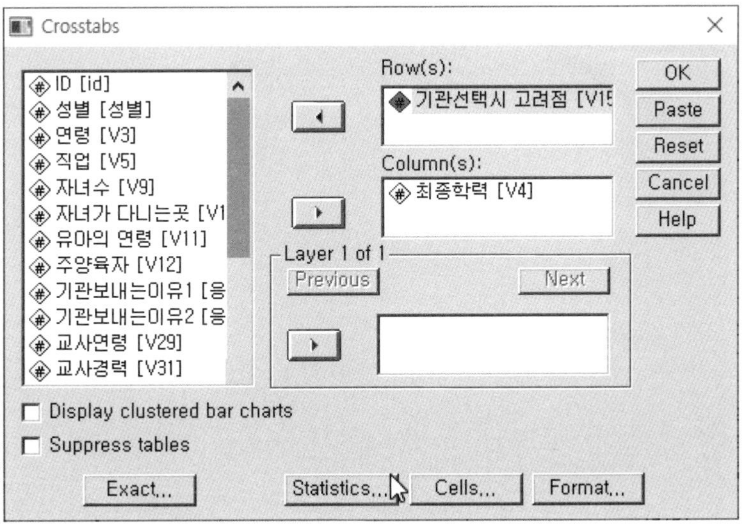

③ 아래쪽 Exact(정확검정) 버튼을 눌러 Exact에 체크한다.

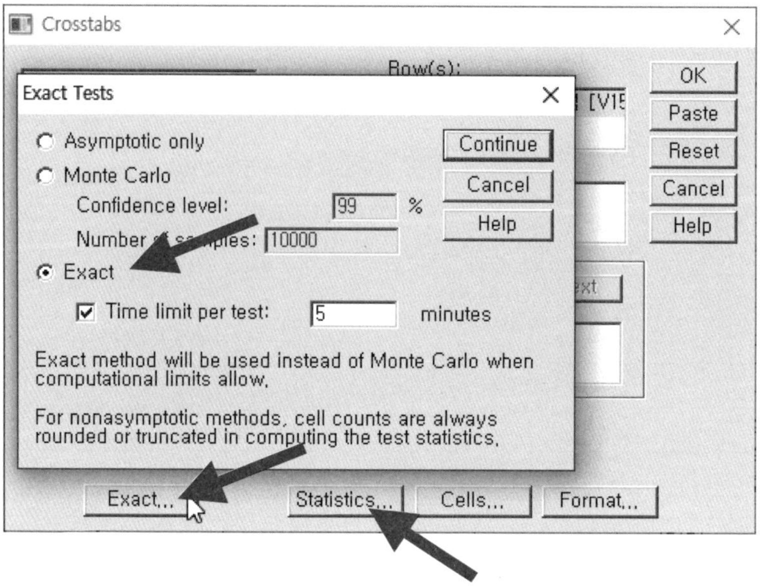

④ 아래쪽 Statistics 버튼을 눌러 Chi-square(카이제곱)에 체크한다.

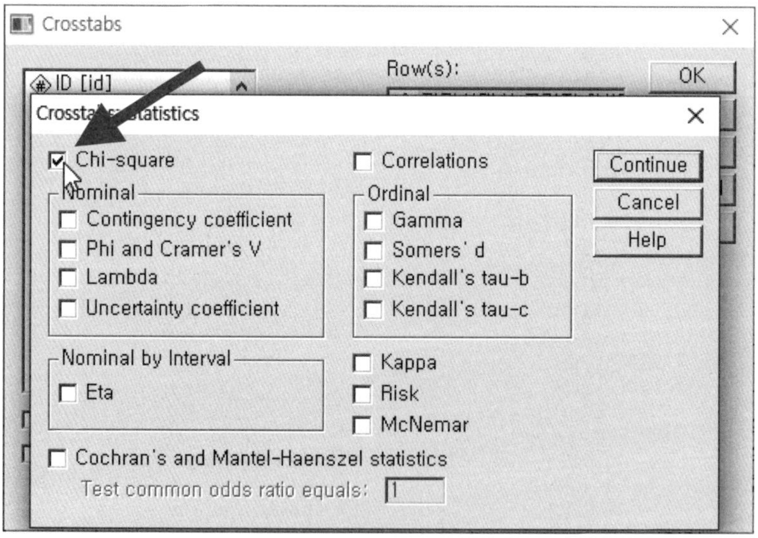

⑤ 아래쪽 Cells(셀) 버튼을 눌러 Percentages(백분율)에서 Row(행)에 체크한다.

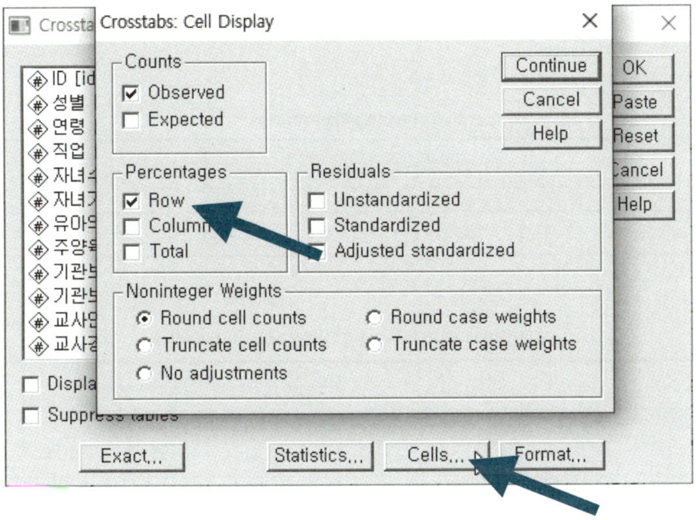

⑥ OK 버튼을 누르면 분석결과가 나온다.

‣ Crosstabs

Case Processing Summary

	Cases					
	Valid		Missing		Total	
	N	Percent	N	Percent	N	Percent
기관선택시 고려점 * 최종학력	305	100,0%	0	,0%	305	100,0%

기관선택시 고려점 * 최종학력 Crosstabulation

			최종학력			
			고졸이하	대졸	대학원졸	Total
기관선택시 고려점	교육내용과 방법(프로그램)	Count	52	104	2	158
		% within 기관선택시 고려점	32,9%	65,8%	1,3%	100,0%
	거리나 위치, 통원방법	Count	16	8	0	24
		% within 기관선택시 고려점	66,7%	33,3%	,0%	100,0%
	운영시간(교육시간)	Count	2	10	0	12
		% within 기관선택시 고려점	16,7%	83,3%	,0%	100,0%
	건강영양과 안전·보호	Count	15	51	3	69
		% within 기관선택시 고려점	21,7%	73,9%	4,3%	100,0%
	교육시설 및 환경	Count	8	7	0	15
		% within 기관선택시 고려점	53,3%	46,7%	,0%	100,0%
	원장과 교사의 학력과 자질	Count	3	9	0	12
		% within 기관선택시 고려점	25,0%	75,0%	,0%	100,0%
	교육비 부담액	Count	3	3	1	7
		% within 기관선택시 고려점	42,9%	42,9%	14,3%	100,0%
	특기교육 실시 여부	Count	1	2	0	3
		% within 기관선택시 고려점	33,3%	66,7%	,0%	100,0%
	교육 시설의 지명도	Count	2	2	1	5
		% within 기관선택시 고려점	40,0%	40,0%	20,0%	100,0%
Total		Count	102	196	7	305
		% within 기관선택시 고려점	33,4%	64,3%	2,3%	100,0%

행과 열에 넣은 변수가 어떻게 배치되는지 확인한다. Row(행)에 넣으면 왼쪽에 목록이 뜬다. Column(열)에 넣으면 목록은 위에 배치된다. '칼럼-열-위'로 암기하기 위해 '칼로리'를 연상하면 기억하기 쉽다. 백분율은 가로로만 출력되도록 했지만 ⑤에서 Column(열)에 체크하면 세로 백분율도 출력가능하다.

학력에 따라 기관선택 시 고려점이 어떻게 다른가 보려고 하지만 빈도 5 이하의 셀이 27셀 중 17셀이나 된다. 실제로 빈도분석을 해보면 골고루 분포되기보다 편중되는 일이 많아서 제대로 교차분석이 이루어지기 어렵다.

카이제곱검증 결과는 다음 표와 같다.

Chi-Square Tests

	Value	df	Asymp. Sig. (2-sided)	Exact Sig. (2-sided)	Exact Sig. (1-sided)	Point Probability
Pearson Chi-Square	35.986[a]	16	.003	.[b]		
Likelihood Ratio	30.142	16	.017	.[b]		
Fisher's Exact Test	.[b]			.[b]		
Linear-by-Linear Association	1.135[c]	1	.287	.297	.150	.013
N of Valid Cases	305					

a. 17 cells (63.0%) have expected count less than 5. The minimum expected count is .07.

b. Cannot be computed because there is insufficient memory.

c. The standardized statistic is 1.065.

맨 윗줄이 피어슨 카이제곱이다. Exact Sig.에 유의도가 표시되어야 하지만 기본가정을 만족하지 못하여 계산이 되지 않았다고 난외주 a에 설명되어 있다. 난외주 a에서 기대빈도가 5 미만인 셀이 17셀이라고 지적하고 있다.

기본가정을 만족하지 못할 경우 피셔의 정확도 검정(Fisher's exact test)을 통해 보완할 수 있다고 하였다. 셋째 줄의 값을 보면, 난외주 b에서 메모리 부족으로 계산할 수 없다고 한다. 교차분석의 차이검증은 실제 연구에서 다수가 이렇게 결과를 산출하지 못한다.

[요약]

- 빈도로 수집된 명명척도 변수도 차이검증이 가능하다.
- 교차분석(Crosstab)-카이제곱검증(Pearson Chi-Square)을 한다.
- 실제 상황에서 기본가정을 만족하지 않아 제대로 분석되지 않는 경우가 많다.

2. t검증

가장 대표적인 평균차이 검증으로, 가장 깔끔하며, 가장 유용하다. 두 점수간의 비교에 사용되는 통계분석방법인데, 독립된 두 집단 간의 평균비교와, 짝지어진 두 평균의 비교를 할 수 있다.

짝지어진 두 평균의 예를 들면, 어떤 집단의 사전-사후 점수평균의 차이검증이 대표적이고, 엄밀히 정의함에 따라 쌍생아나 부부같이 응답이 연관된 점수도 독립되지 않은 두 점수이다.

1) 독립표본 t검증(Independent Samples T Test)

데이터 '07장독립표본t.sav'를 불러온다.

① Analyze(분석)-Compare Means(평균비교)-Independent Samples T Test(독립표본 t검증)

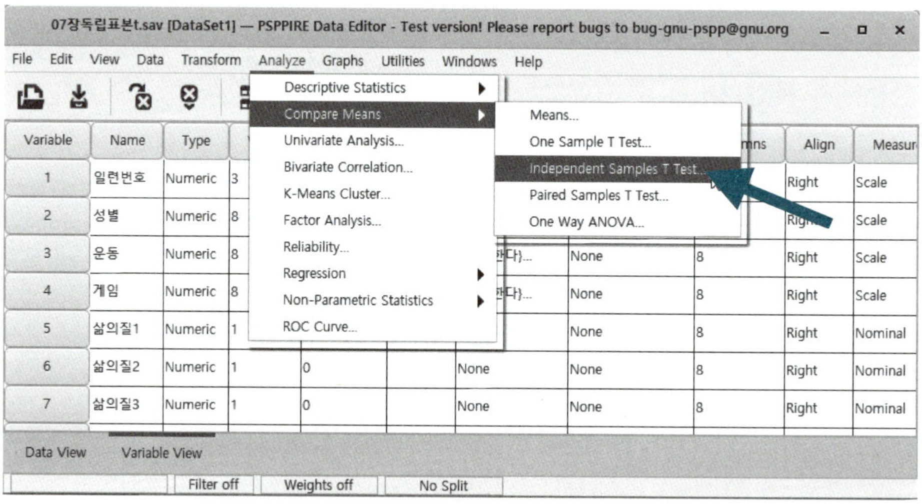

② Test Variables(검증변수)에는 삶의질 평균을 넣는다. Grouping Variables(집단변수)에는 성별을 넣는다. Define Groups(집단정의) 버튼을 누른다.

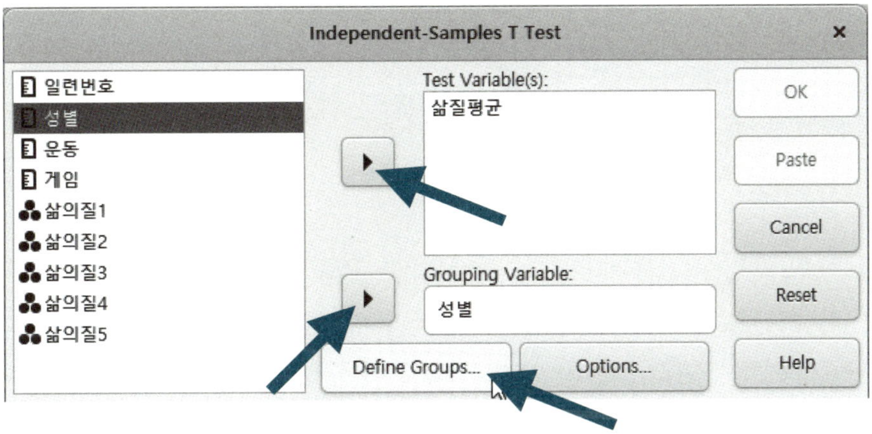

③ 위 칸에는 삼각형을 눌러 남자, 아래 칸에는 삼각형을 눌러 여자를 선택한다.

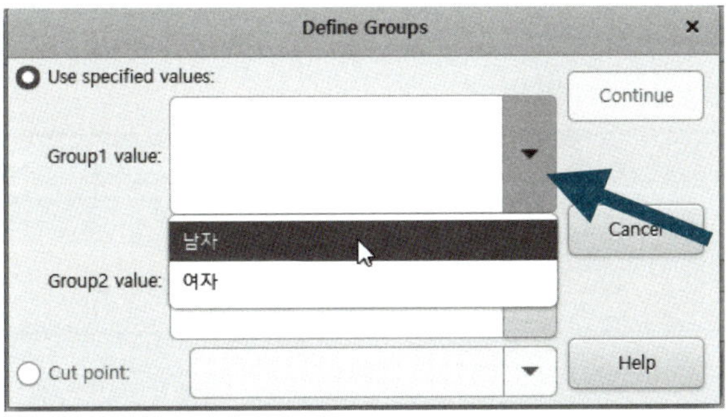

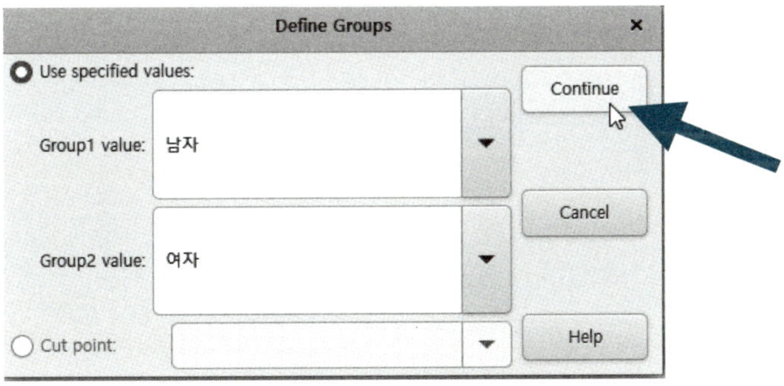

Continue 버튼을 누른다.

④ OK 버튼을 누르면 결과가 다음과 같이 나온다.

Group Statistics

	Group	N	Mean	Std. Deviation	S.E. Mean
삶질평균	남자	29	4.48	1.27	.24
	여자	77	4.47	1.20	.14

Independent Samples Test

		Levene's Test for Equality of Variances		T-Test for Equality of Means						
									95% Confidence Interval of the Difference	
		F	Sig.	t	df	Sig. (2-tailed)	Mean Difference	Std. Error Difference	Lower	Upper
삶질평균	Equal variances assumed	.65	.423	.06	104.00	.954	.02	.27	-.51	.54
	Equal variances not assumed			.06	47.85	.956	.02	.27	-.53	.56

위의 작은 표는 기술통계량이다. 아래의 긴 표는 독립표본 t검증 결과표이다.

레벤의 등분산검정에서 Sig.가 .05보다 크면 윗줄의 t와 유의도를 읽어준다.

등분산 유의도가 .423으로 .05보다 크므로 윗줄을 읽으면 t=.06, Sig.=.954가 된다. 유의도가 .05보다 크므로 두 집단 간에는 유의미한 차이가 없다. 즉 성별에 따른 삶의 질 점수 차이는 없다. 논문에서는 기술통계량과 t만 표시하므로 다음과 같이 제시한다.

	n	*M*	*sd*	*t*
남자	29	4.48	1.27	.06
여자	77	4.47	1.20	

성별에 따른 삶의 질 점수를 독립표본 *t*검증한 결과, 남자(*M*=4.48, *sd*=1.27)와 여자(*M*=4.47, *sd*=1.20) 간에 유의미한 차이가 없었다.

같은 요령으로 운동 여부에 따른 삶의 질 평균을 독립표본 t검증으로 분석하면,

① Grouping Variables(집단변수)에 성별을 빼고 운동을 넣는다.

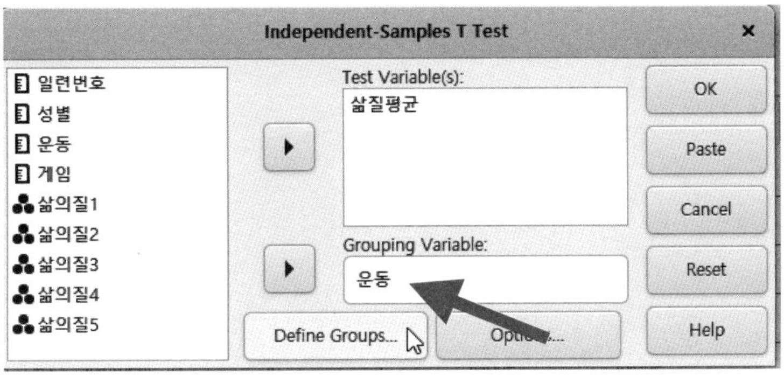

② Define Groups(집단정의) 버튼을 눌러 '한다, 안한다'로 집단을 나눈다. OK를 누르면 아래와 같이 결과가 출력된다.

```
T-TEST /VARIABLES= 삶질평균
       /GROUPS=운동(1,0)        /MISSING=ANALYSIS
       /CRITERIA=CI(0.95).
```

Group Statistics

	Group	N	Mean	Std. Deviation	S.E. Mean
삶질평균	한다	59	4.71	1.03	.13
	안한다	47	4.17	1.37	.20

Independent Samples Test

		Levene's Test for Equality of Variances		T-Test for Equality of Means						
									95% Confidence Interval of the Difference	
		F	Sig.	t	df	Sig. (2-tailed)	Mean Difference	Std. Error Difference	Lower	Upper
삶질평균	Equal variances assumed	1.33	.251	2.30	104.00	.024	.53	.23	.07	1.00
	Equal variances not assumed			2.22	83.26	.029	.53	.24	.06	1.01

등분산검정의 Sig.이 .251로 .05보다 크므로 윗줄의 t 2.30과 Sig. .024를 읽어준다. .05보다 작으므로 운동 여부에 따라 삶의 질 평균에는 유의미한 차이가 있다. *하나를 t값에 표시하고 난외주에 *p < .05라고 적는다. 결과보고에는 다음과 같이 표시한다.

	n	*M*	*sd*	*t*
한다	59	4.71	1.03	2.30*
안한다	47	4.17	1.37	

*$p < .05$

운동에 따른 삶의 질 점수를 독립표본 *t*검증한 결과, 운동하는 집단(M=4.71, sd=1.03)과 운동 안하는 집단(M=4.17, sd=1.37) 간에 유의미한 차이가 나타났다(t=2.30, $p<.05$).

실습과제

게임 여부에 따라 삶의 질에는 차이가 있는가?

2) 대응표본 t검증(Paired Samples T Test)

사전-사후 점수처럼 점수가 독립적이지 않은 경우에는 해당 점수는 그와 짝을 지은 점수가 있으므로 그 짝이 되는 점수와 비교하는 것이 타당하다. 그것을 대응표본 t검증이라고 한다.

데이터 '07장대응표본t.sav'를 불러온다.

① Analyze(분석)-Compare Means(평균비교)-Paired Samples T Test(대응표본 t 검증)

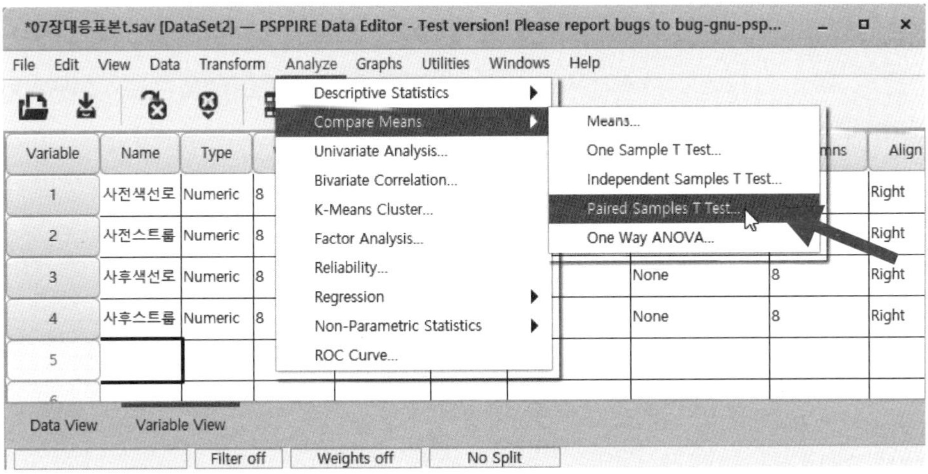

② 사전색선로를 선택하여 삼각형을 누르면 오른쪽 Var1로 넘어간다.
사후색선로를 선택하여 삼각형을 누르면 오른쪽 Var2로 넘어간다.
사전색선로와 사후색선로가 짝이 된 것이다. OK를 누른다.

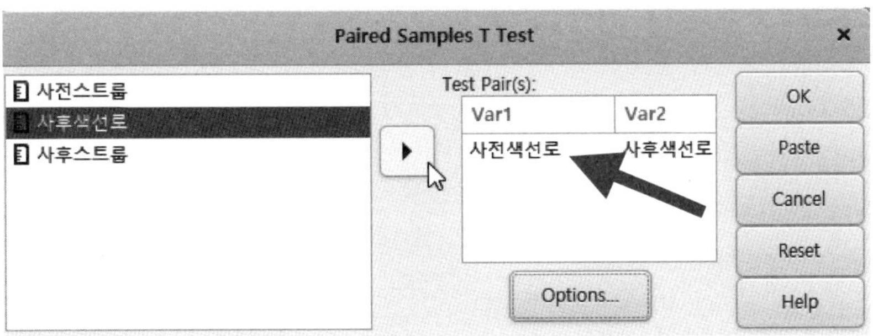

③ 결과는 다음과 같이 출력된다.

```
T-TEST
        PAIRS =  사전색선로 WITH  사후색선로 (PAIRED)
        /MISSING=ANALYSIS
        /CRITERIA=CI(.95).
```

Paired Sample Statistics

		N	Mean	Std. Deviation	S.E. Mean
Pair 1	사전색선로	35	12.57	3.86	.65
	사후색선로	35	9.34	2.04	.35

Paired Samples Correlations

		N	Correlation	Sig.
Pair 1	사전색선로 & 사후색선로	35	.116	.506

Paired Samples Test

		Paired Differences					t	df	Sig. (2-tailed)
					95% Confidence Interval of the Difference				
		Mean	Std. Deviation	S.E. Mean	Lower	Upper			
Pair 1	사전색선로 - 사후색선로	3.23	4.15	.70	1.80	4.65	4.60	34	.000

n수는 35명으로 같다. 사전-사후 실험에 모두 참여한 것이다.

평균은 사전이 12.57, 사후가 9.34이고, 표준편차는 사전 3.86, 사후 2.04이다.

맨 아래 표의 제일 오른쪽을 보면 t는 4.60, Sig.(유의도)는 .000이다.

*셋을 t값 뒤에 위첨자로 표시하고 난외주에 ***$p < .001$이라고 적는다.

색선로검사는 선로를 잇는 데 걸린 시간을 측정하는 검사이므로 사후 측정값이 유의미하게 짧은 시간이 걸린 것으로 나타났다. 논문에서 표는 다음과 같이 그려진다.

	n	*M*	*sd*	*t*
사전색선로	35	12.57	3.86	4.60***
사후색선로	35	9.34	2.04	

***$p < .001$

사전색선로검사점수(M=12.57, sd=3.86)와 사후색선로검사점수(M=9.34, sd=2.04)를 대응표본 t검증한 결과, 사후색선로점수가 유의미하게 낮아진 것으로 나타났다(t=4.60, $p < .001$).

실습과제

사전스트룹과 사후스트룹을 비교하시오.

(참고로, t값이 -인 경우는 위에서 아래를 뺐을 때 아래 수가 더 큼을 의미함.)

3. F검증(=일원분산분석, ANOVA)

두 집단 간의 차이는 t검증으로 해결하는데, 세 집단 이상의 평균을 비교해야 할 때도 있다. 이때는 F검증을 사용한다. 단, F검증은 차이가 있다, 없다만을 표시해주므로 사후검증이라는 과정을 통해 어느 집단 간의 차이인지를 밝혀주어야 한다.

데이터 '07장f검증.sav'를 불러온다.

① Analyze(분석)-Compare Means(평균비교)-One Way ANOVA(일원분산분석)

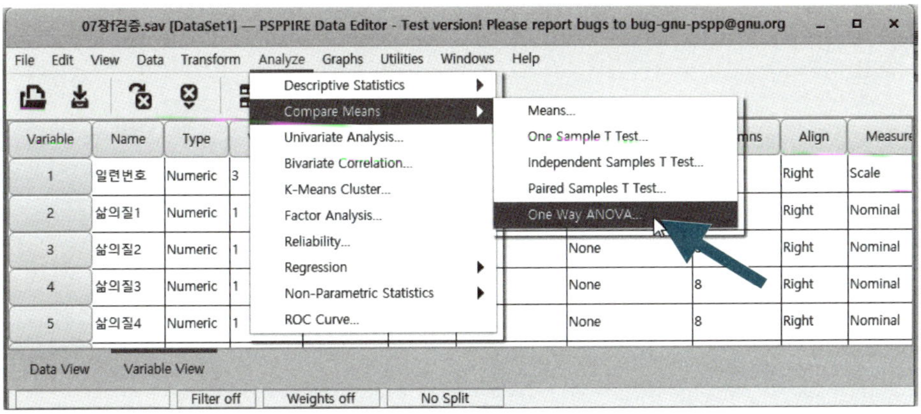

② 점수비교를 할 변수 '삶질평균'을 택하여 Dependent Variable(종속변수)에 보낸다. 집단변수 '수면시간'을 Factor(요인)로 보낸다.

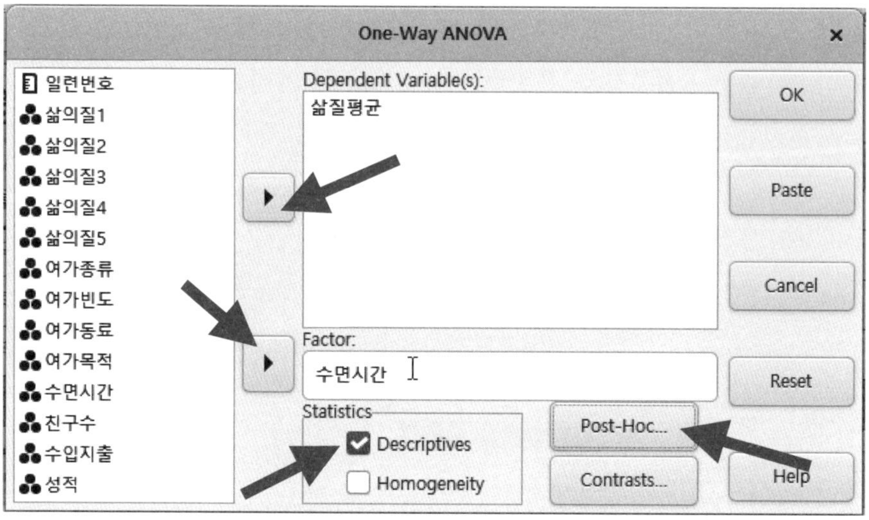

Statisics(통계량)-Descriptives(기술통계, 즉 평균 표준편차)를 체크한다. Post-Hoc 버튼을 눌러 사후검증 설정창을 연다.

③ 사후검증은 보통 Scheffe(샤뻬라고 읽는다)에 체크한다.

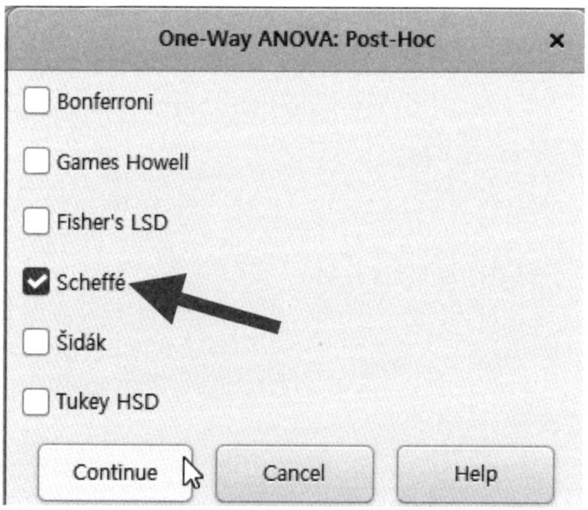

Scheffe는 각 집단의 사례수가 달라도 사용할 수 있다. 융통성 있고 1종오류에 강하다. 1종오류는 차이가 없는데 있다고 하는 오류이다.

맨 아래의 Tukey HSD는 집단이 4개 이하, n이 같은 경우에만 적용가능하다.

OK 버튼을 누르면 다음과 같이 결과가 나온다.

```
ONEWAY /VARIABLES= 삶질평균 BY 수면시간
       /STATISTICS=DESCRIPTIVES
       /POSTHOC=SCHEFFE .
```

Descriptives

	수면시간	N	Mean	Std. Deviation	Std. Error	95% Confidence Interval for Mean		Minimum	Maximum
						Lower Bound	Upper Bound		
삶질평균	2-4시간	8	3.58	1.02	.36	2.72	4.43	2.00	4.60
	4-7시간	87	4.66	1.03	.11	4.45	4.88	1.20	6.80
	7시간이상	7	4.43	.58	.22	3.89	4.97	3.40	5.00
	Total	102	4.56	1.04	.10	4.36	4.77	1.20	6.80

ANOVA

		Sum of Squares	df	Mean Square	F	Sig.
삶질평균	Between Groups	8.83	2	4.41	4.35	.015
	Within Groups	100.43	99	1.01		
	Total	109.26	101			

Multiple Comparisons (삶질평균)

	(J) Family	(J) Family	Mean Difference (I - J)	Std. Error	Sig.	95% Confidence Interval	
						Lower Bound	Upper Bound
Scheffé	2-4시간	4-7시간	-1.09	.37	.016	-2.01	-.16
		7시간이상	-.85	.52	.266	[illegible]	.44
	4-7시간	2-4시간	1.09	.37	.016	.16	2.01
		7시간이상	.24	.40	.838	-.75	1.22
	7시간이상	2-4시간	.85	.52	.266	-.44	2.15
		4-7시간	-.24	.40	.838	-1.22	.75

기술통계표에서는 n, 평균, 표준편차가 나온다.

ANOVA 표에서는 F값은 4.35, Sig.(유의도)는 .015이다. .05보다 작으므로 유의미한 차이가 있다. *는 하나가 붙는다.

Multiple Comparisons가 사후검증표이다. Scheffe의 Sig.(유의도)를 보고 각 집단 간의 차이가 유의미한지 알 수 있다. 2-4시간 자는 집단과 4-7시간 자는 집단 간의 삶의질 평균 차이가 .016으로 유의미하다.

논문에서는 아래와 같이 보고한다. F검증의 표 서식은 조금씩 다르므로 그 내용을 잘 파악하여야 한다.

수면시간	n	*M*	*sd*	*F*	사후검증
2-4시간(a)	8	3.58	1.02		
4-7시간(b)	87	4.66	1.03	4.35*	a<b
7시간 이상(c)	7	4.43	.58		
전체	102	4.56	1.04		

$^{*}p < .05$

수면시간에 따른 삶의 질 점수를 일원분산분석한 결과 집단 간에 유의미한 차이가 있는 것으로 나타났다(F=4.35, $p < .05$). 사후검증 결과 4-7시간 집단(M=4.66, sd=1.03)이 2-4시간 집단(M=3.58, sd=1.02)보다 유의미하게 높은 것으로 나타났다.

때로는 ANOVA 분석결과를 논문에 바로 제시하기도 한다. 여기서는 별표를 따로 붙이지 않는다. Sig.를 제시하기 때문이다.

	Sum of Squares (제곱합)	df (자유도)	Mean Square (평균제곱)	*F*	Sig.
Between Groups (집단-간)	8.83	2	4.41	4.35	.015
Within Groups (집단-내)	100.43	99	1.01		
Total(합계)	109.26	101			

표가 복잡하지만 각 숫자들의 관계는 아래와 같다.

집단 간 제곱합 8.83÷자유도 2=집단 간 평균제곱 4.41

집단 내 제곱합 100.43÷자유도 99=집단 내 평균제곱 1.01

집단 간 평균제곱 4.41÷집단 내 평균제곱 1.01=*F* 4.35

연구가설을 입증하(차이가 있으)려면 F가 커야 하고, 그러려면 분모인 df가 작아야 한다. 그래서 n적은 집단끼리 합하여 집단수를 줄이는 것이 F검증에 도움이 된다.

4. 분석결과 내보내기

PSPP의 데이터 파일은 .sav라는 형식으로 저장된다. 명령문은 .sps라는 형식으로 저장된다. 혼동하지 않으려면 '데이터', '명령문'이라는 문구를 파일명에 넣어서 저장하면 된다. 분석결과는 SPSS와 달리 저장하는 형식이 없다. 표를 선택하여 Ctrl+c-Ctrl+v를 해보면 Microsoft Word에서는 보이는 것과 동일하게 Ctrl+c-Ctrl+v가 가능하지만 한글 프로그램에서는 다 깨져서 붙는다. 그러므로 Export(내보내기)라는 메뉴를 활용한다.

① 결과창에서 File(파일)-Export(내보내기)

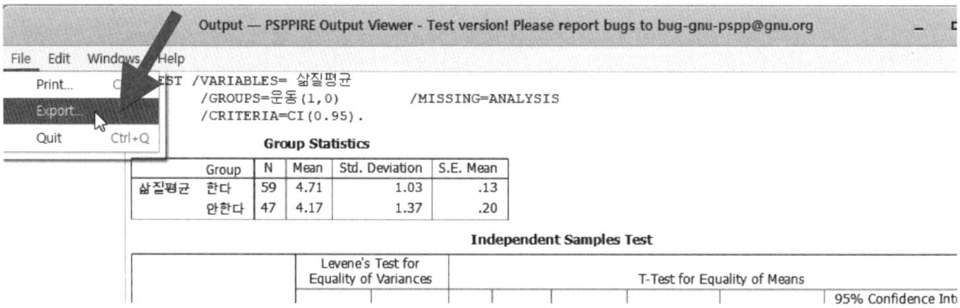

② HTML(*.html)형식을 선택한다. 이때 저장위치는 바탕화면으로 하는 것이 좋다. 한글 폴더명은 아직 제대로 인식하지 못하기 때문이다. 한글 변수명은 데이터로 인식하지만 폴더명, 파일명은 한글처리가 미흡하다. 따라서 파일명도 영문으로 작성해야 한다.

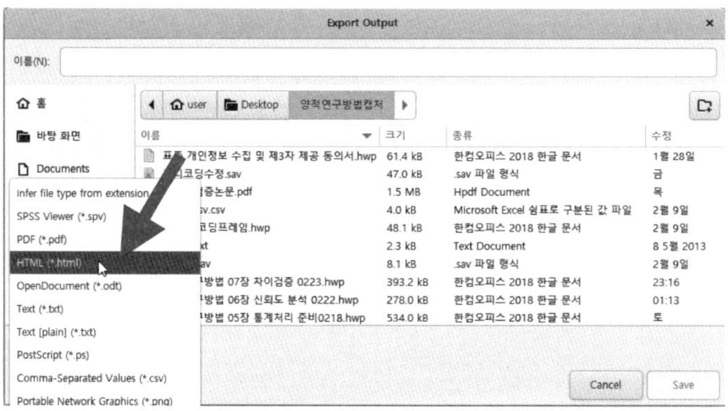

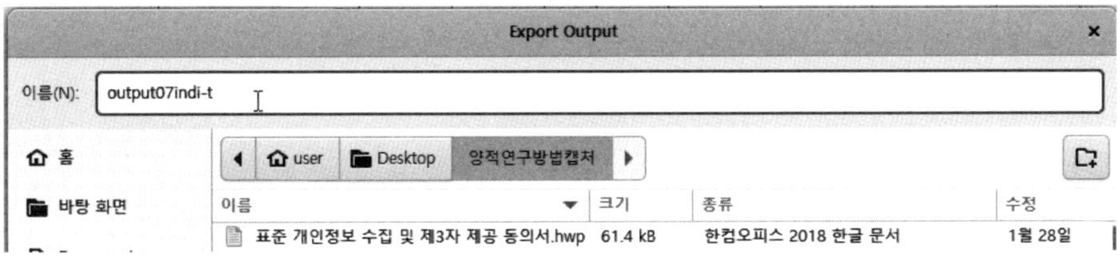

③ 한글 프로그램에서 불러올 때는 파일종류를 html로 설정해야 한다.

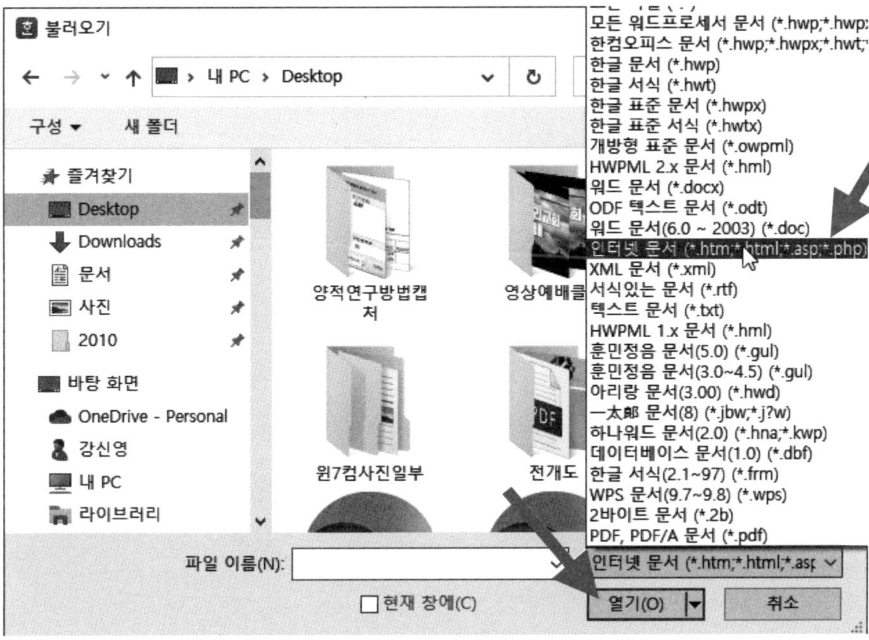

④ 저장했던 파일이 인터넷문서의 아이콘으로 보인다.

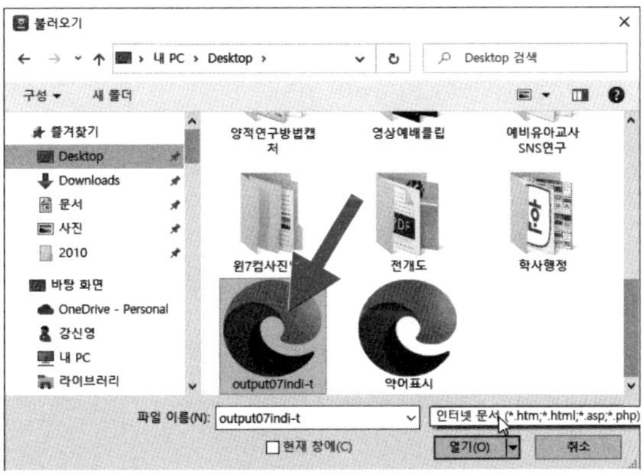

⑤ 문자코드 창이 뜨면 확인 버튼을 누른다.

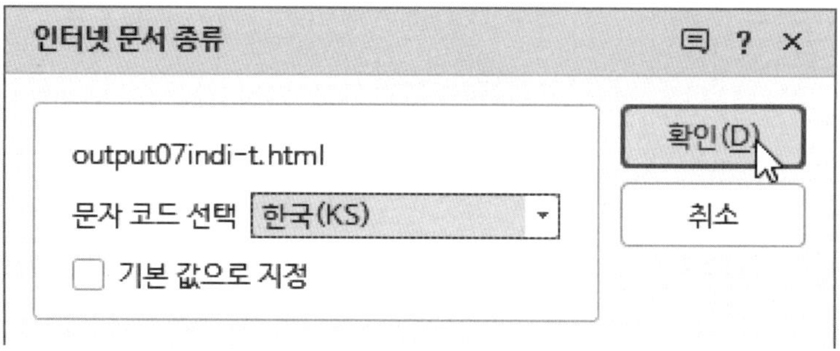

⑥ 표가 들쭉날쭉 엉망으로 옮겨붙는다.

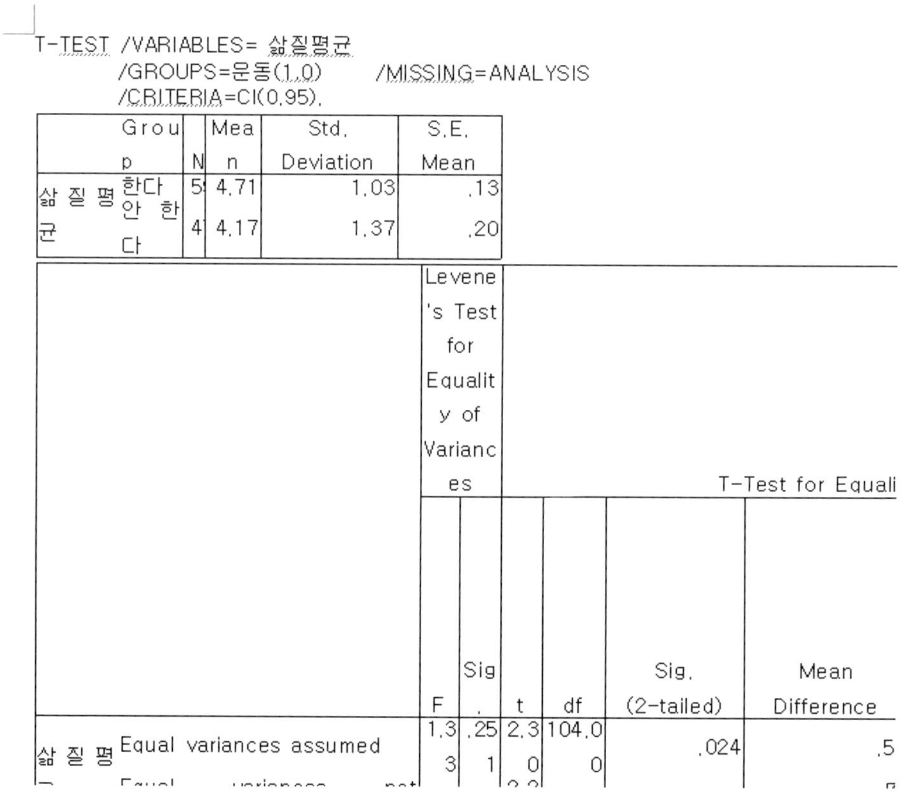

```
T-TEST /VARIABLES= 삶질평균
       /GROUPS=운동(1,0)      /MISSING=ANALYSIS
       /CRITERIA=CI(0.95).
```

	Group	N	Mean	Std. Deviation	S.E. Mean
삶질평균	한다	5	4.71	1.03	.13
	안 한다	4	4.17	1.37	.20

		Levene's Test for Equality of Variances		T-Test for Equali			
		F	Sig.	t	df	Sig. (2-tailed)	Mean Difference
삶질평균	Equal variances assumed	1.33	.251	2.30	104.00	.024	.5
	Equal variances not						

⑦ 한글 프로그램에서 표 편집하는 방법으로 셀을 선택하고 Ctrl을 누르고 화살표를 눌러 적당한 간격으로 조절한다.

```
T-TEST /VARIABLES= 삶질평균
       /GROUPS=운동(1,0)      /MISSING=ANALYSIS
       /CRITERIA=CI(0.95).
```

	Group	N	Mean	Std. Deviation	S.E. Mean
삶질평균	한다	59	4.71	1.03	.13
	안한다	47	4.17	1.37	.20

	Levene's Test for Equality of Variances				
	F	Sig.	t	df	Sig. (2-taile
삶질평균 Equal variances assumed	1.33	.251	2.30	104.00	.(
Equal variances not assumed			2.22	83.26	.(

통계결과표는 대부분 프로그램에서 처리된 결과를 바로 사용하지 않고 논문에서 제시해야 하는 숫자를 뽑아서 사용하므로 출력결과는 알아보기 쉬울 정도만 편집하여 사용한다.

jamovi는 논문의 형식으로 표를 출력해 주므로 결과창에서 분석결과를 바로 복사해서 사용한다.

08
CHAPTER

상관분석

따라하는
양적연구방법

동간 혹은 비율척도로 측정된 연속변수의 값이 증가하거나 감소할 때 다른 변수와 연관되어서 함께 증감하거나 혹은 반대로 증감하는 경우가 있다. 그런 관계를 밝히는 검증이 상관분석이다. 이를테면 일반적인 신체발달에서 연령과 신장, 체중은 함께 증가한다. 이런 경우를 정적 상관(positive correlation)이라 한다. 반면, 스마트폰 사용시간이 증가할수록 스트룹 검사점수는 감소한다면 부적 상관(negative correlation)이라 한다. 상관은 인과관계가 아니다. 상관분석을 통해 신장이 증가했기 때문에 체중이 증가했다는 결과를 낼 수는 없다. 인과관계는 회귀분석의 영역이다.

상관분석을 하면 상관계수가 산출되는데, 대표적으로 Pearson의 r을 사용한다. 상관계수는 −1에서 +1까지의 값을 가진다. 상관이 없으면 상관계수는 0이고, 완전한 정적 상관이면 +1, 완전한 부적 상관이면 −1이 된다. 상관이 있느냐 없느냐는 차이분석처럼 유의도로 나타낸다. 즉 $p < .05$면 상관계수에 별이 하나 뜬다. 여기서 혼란을 가져올 수 있는 것이, 상관계수와 별의 관계이다. 일반적으로 상관계수가 높으면 별(유의도)도 많이 뜰 것 같지만 실제 데이터로 분석해 보면 상관계수가 .3 정도인데도 별이 3개가($p < .001$) 뜨기도 한다.

상관분석을 하기 위한 기본가정은 두 변인이 정규분포를 적용할 수 있어야 하고, 두 변수 사이는 선형성이 있어야 한다. 상관계수는 산포도를 그렸을 때 분포점들이 데이터의 분포가 오른쪽 위로 올라가는 직선형태로 몰려 있으면 높아진다. 반면, 원형이거나 포물선의 분포를 보이면 0에 가깝다. 일반적인 상관분석에서 산포도를 매번 그릴 필요는 없지만 상관분석을 공부하기 위해 산포도를 그려 선형성을 확인한다.

데이터 '08장상관분석.sav'를 연다.

① Graphs(그래프)-Scatterplot(산포도, 산점도)

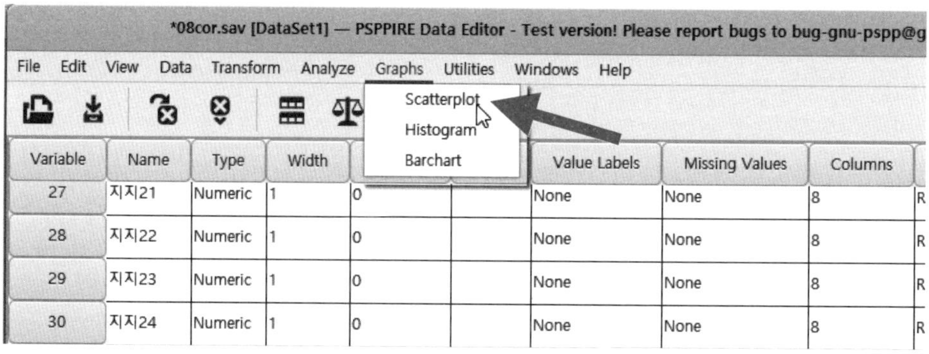

② 삶의질 평균과 사회적지지 평균을 각각 Y축과 X축에 넣는다.

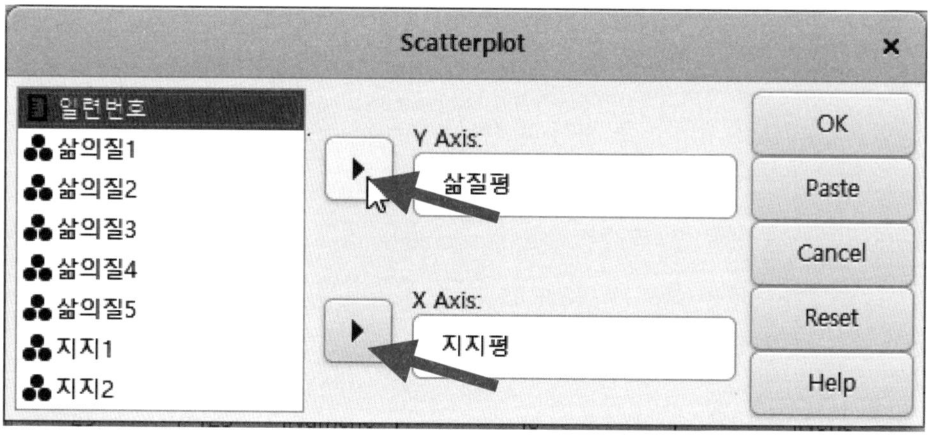

③ OK를 누르면 산포도가 그려진다. 점들이 오른쪽 위를 향한 직선모양을 지향하고 있다(점선으로 대략의 가이드를 그려넣음).

```
GRAPH SCATTERPLOT(BIVARIATE) = 지지평 WITH 삶질평.
```

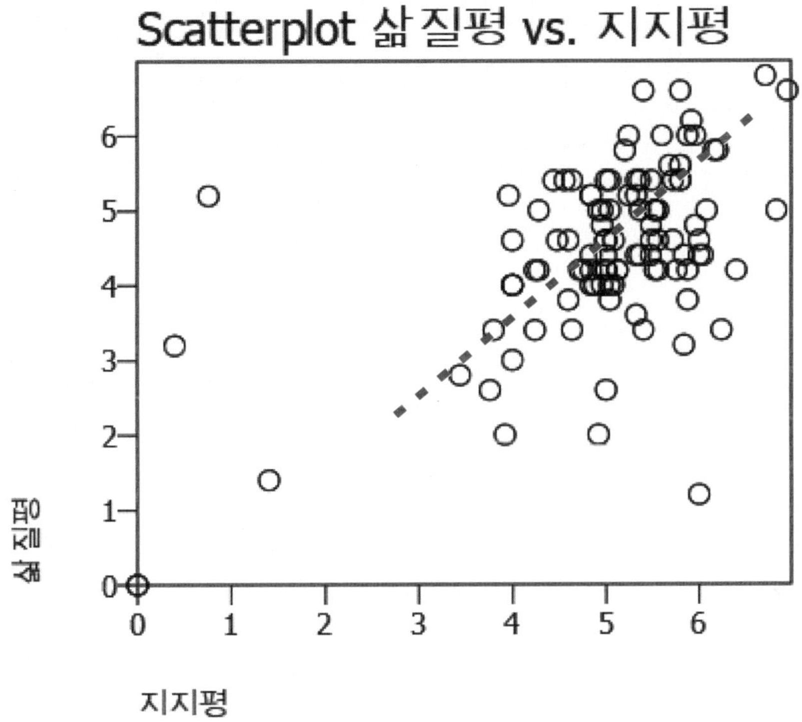

점들의 경향을 한 직선으로 그린다고 볼 때 멀리 떨어진 점이 3-4개 보인다. 상관계수는 이런 극단치들의 영향을 받는다.

다시 언급하지만 상관분석을 할 때마다 산포도를 그릴 필요는 없다.

1. 일반적인 상관분석

① Analyze(분석)-Bivariate Correlations(이변량 상관)

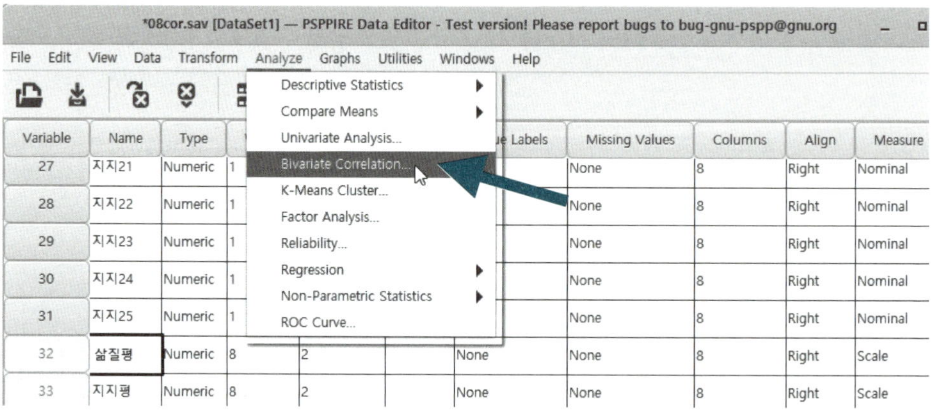

② 삶의질 평균과 사회적지지 평균을 선택하고 삼각형 버튼을 눌러 오른쪽 창으로 보낸다. Test of Significance(유의성검정)에는 Two-tailed(양측)를 선택한다. Flag significant correlations(유의미한 상관관계 표시)에도 체크한다.

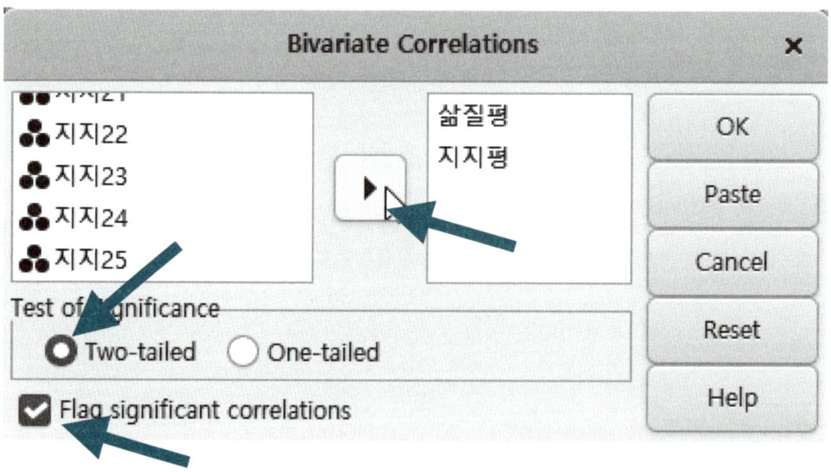

③ 투입한 변수를 가로세로로 한 행렬표가 출력된다. Pearson Correlation(피어슨 상관계수)은 .584이고, Sig.(유의도)는 .000으로 .05보다 적으므로 유의미한 상관이 있다고 난외주 a로 표시되었다. 별표는 세 개가 붙어야 한다.

```
CORRELATION
        /VARIABLES =  삶질평 지지평
        /PRINT = TWOTAIL NOSIG.
```

Correlations

		삶질평	지지평
삶질평	Pearson Correlation	1.000	.584a
	Sig. (2-tailed)		.000
	N	106	106
지지평	Pearson Correlation	.584a	1.000
	Sig. (2-tailed)	.000	
	N	106	106

a. Significant at .05 level

2. 여러 변수의 상관분석

① Analyze(분석)-Bivariate Correlations(이변량 상관)

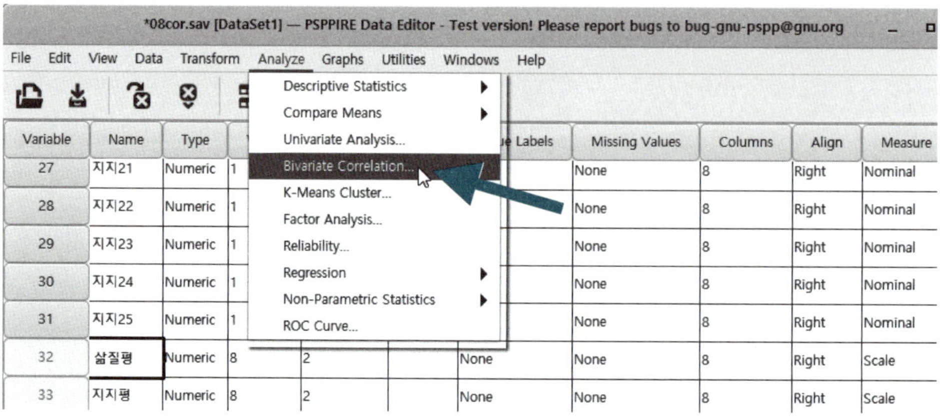

② 삶의질5, 지지4, 지지5, 지지8을 추가로 넣는다.

③ 결과가 출력된다. 상관계수들이 유의도와 함께 출력되었다. 1.000은 자기 자신과의 상관이므로 대각선 위나 아래 한쪽의 결과만 보면 된다.

Correlations

		삶질평	지지평	삶의질5	지지4	지지5	지지8
삶질평	Pearson Correlation	1.000	.584a	.797a	.609a	.628a	.416a
	Sig. (2-tailed)		.000	.000	.000	.000	.000
	N	106	106	106	106	106	106
지지평	Pearson Correlation	.584a	1.000	.367a	.911a	.909a	.862a
	Sig. (2-tailed)	.000		.000	.000	.000	.000
	N	106	106	106	106	106	106
삶의질5	Pearson Correlation	.797a	.367a	1.000	.398a	.407a	.233a
	Sig. (2-tailed)	.000	.000		.000	.000	.016
	N	106	106	106	106	106	106
지지4	Pearson Correlation	.609a	.911a	.398a	1.000	.921a	.765a
	Sig. (2-tailed)	.000	.000	.000		.000	.000
	N	106	106	106	106	106	106
지지5	Pearson Correlation	.628a	.909a	.407a	.921a	1.000	.753a
	Sig. (2-tailed)	.000	.000	.000	.000		.000
	N	106	106	106	106	106	106
지지8	Pearson Correlation	.416a	.862a	.233a	.765a	.753a	1.000
	Sig. (2-tailed)	.000	.000	.016	[illegible]	.000	
	N	106	106	106	106	106	106

a. Significant at .05 level

가장 높은 상관계수는 지지4와 지지5의 .921이다.

유의도는 .000으로 별표 세 개에 해당한다.

가장 낮은 상관계수는 삶의질5와 지지8의 .233이다.

유의도는 .016으로 별표 하나에 해당한다.

연구보고서에서는 다음과 같이 표시한다. 삶의질5와 지지8의 유의도가 별표 수 때문에 위치 차이가 나므로 소수점 위치를 맞추어 준다. 대각선의 1.000은 왼쪽정렬을 하면 별표가 있는 데이터들과 소수점 위치를 맞출 수 있다.

	삶질평	지지평	삶의질5	지지4	지지5	지지8
삶질평	1.000					
지지평	.584***	1.000				
삶의질5	.797***	.367***	1.000			
지지4	.609***	.911***	.398***	1.000		
지지5	.628***	.909***	.407***	.921***	1.000	
지지8	.416***	.862***	.233*	.765***	.753***	1.000

*$p < .05$, ***$p < .001$

삶의질 평균과 사회적지지 평균의 상관계수는 .584($p < .001$)로, 유의미한 상관이 있는 것으로 나타났다. 하위변인들도 각각 유의미한 상관이 있는 것으로 나타났다. 상관계수는 .233($p < .05$)에서 .921($p < .001$)로, 전반적으로 높은 상관관계를 보이고 있다. 사회적 지지가 높을수록 삶의 질도 높아진다는 것을 나타낸다.

전반적으로 유의미하게 나타나지 않고 특정 몇 변수에서만 유의미한 상관이 나타날 경우, 다음과 같이 그 변수를 읽어준다.

몇몇 변수들에서 유의미한 상관이 나타났다. 구체적으로 살펴보면, 사회적지지4와 사회적지지5 간의 상관계수는 .921($p < .001$)로, 유의미한 상관이 있는 것으로 나타났다. 삶의질5와 사회적지지5 간의 상관계수는 .407($p < .001$)로, 유의미한 상관이 있는 것으로 나타났다.

참고로, 앞 결과에서 가장 높은 상관계수와 가장 낮은 상관계수를 보인 두 쌍의 산포도를 비교해 본다.

① Graphs(그래프)-Scatterplot(산포도)

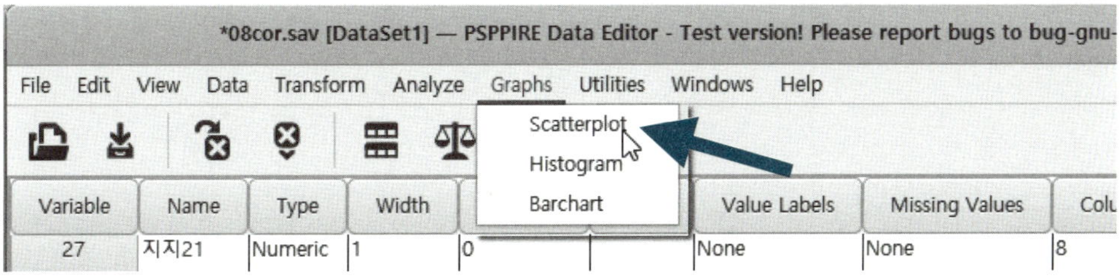

② 지지4와 지지5를 각각 Y축과 X축에 넣는다. OK를 눌러 그래프를 그린다.

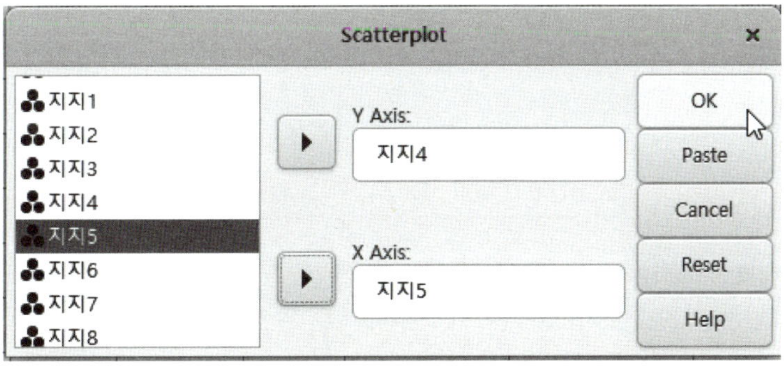

③ 삶의질5와 지지8을 각각 Y축과 X축에 넣는다. OK를 눌러 그래프를 그린다.

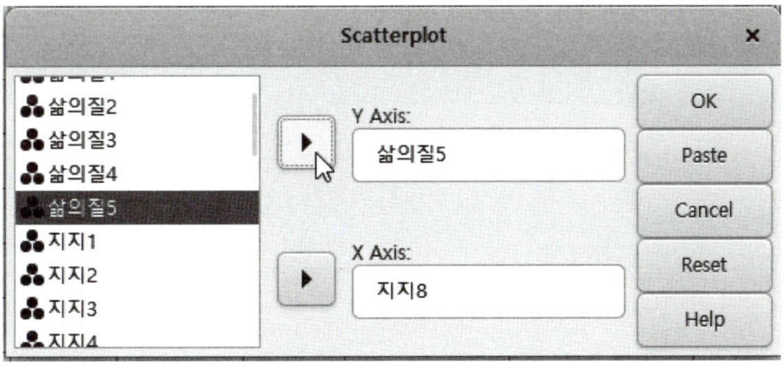

④ 상관계수 .921과 .233의 두 그래프를 비교해 본다.

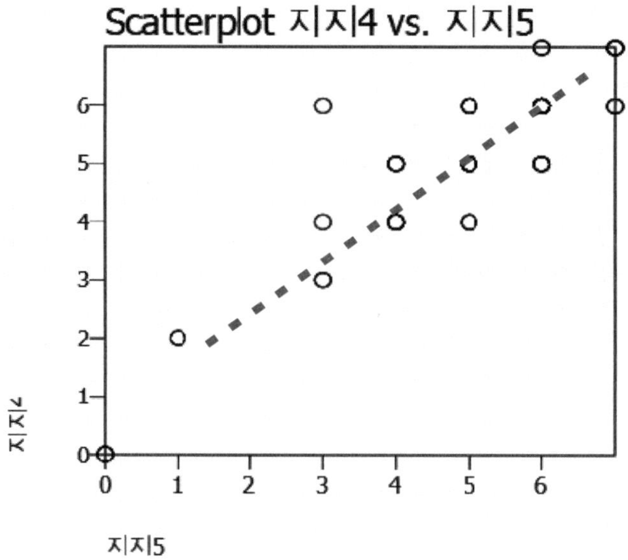

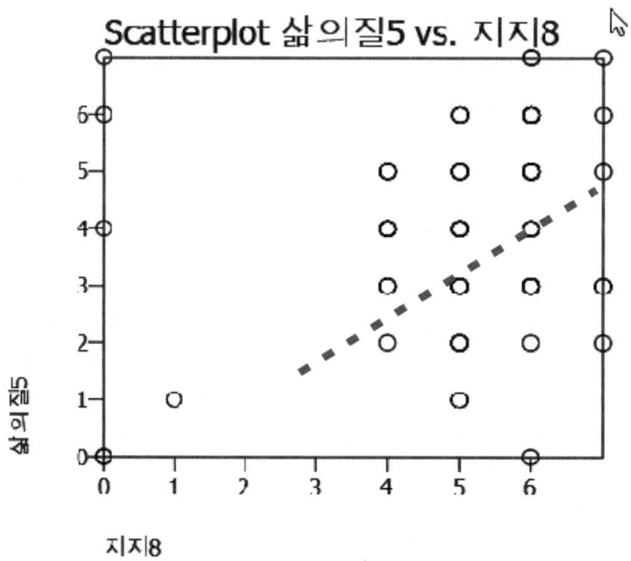

상관계수가 높은 그래프는 선 중심으로 모여 있는 모양이지만 낮은 그래프는 둥글게 뭉쳐 있는 모양에 가깝다.

09
CHAPTER

회귀분석

따라하는
양적연구방법

앞 장의 상관분석은 인과관계가 아니라고 했다. 상관관계를 보이는 데이터들 중에는 인과관계를 가지는 경우도 있다. 데이터에서 몇 가지 기본가정을 만족하는 경우 회귀분석(Regression)으로 인과관계를 분석할 수 있다. 인과관계라고 하는 것은 바꿔 말하면 한 변수가 증가하는 것이 원인이 되어 다른 변수의 증감에 영향을 준 것이다. 따라서 회귀분석의 결과는 "어떤 변인이 다른 변인에게 몇 %만큼 영향력을 가진다"는 형식으로 보고된다.

회귀분석은 기본가정이 까다롭다. 기본적으로 동간 이상으로 측정된 연속변수이어야 한다.

- 선형성
- 정규성(오차분포가 정상분포)
- 독립성(독립변수와 오차 간에 상관이 없어야 한다)
- 등분산성 등을 만족해야 한다.

영향을 주는 독립변수가 여럿인 중다회귀분석을 할 경우는 추가로 기본가정이 더 있다.

- 다중공선성이 존재하지 않아야 한다.
- 상호작용효과가 없어야 한다.
- 표본 수가 모형포함 변수보다 커야 한다.
- 종속변인의 자기상관이 없어야 한다.

다중공선성(多重共線性, Multicollinearity)의 진단

독립변수의 영향이 유의미한지 진단하는 t=B/Std. Error인데, 다수의 독립변수가 서로 지나치게 높은 상관관계(.9 이상)를 가지면 분모가 커져 t가 작아지고, p가 커지게 된다(영가설 채택). 이렇게 회귀계수 추정의 오류가 발생하는 문제를 다중공선성의 문제라고 한다. 이를 진단하기 위해 몇 가지 계수를 산출한다.

① Tolerance(공차한계): .1 이상이어야 회귀모형이 적합함.

② VIF(Variance Inflation Factor, 분산팽창계수): 1에 가까워야 하며 10보다 크면 다중공선성이 있으므로 적합하지 않다. VIF=1÷공차=1÷(1-R^2)

③ Residual(잔차): PSPP에서는 제공되지 않음. Durbin-Watson의 통계량을 구하는데, 1.5~2.5 범위에 있어야 한다. 그 범위 밖인 0에 가깝거나 4에 가까우면 부적합.

④ Eigen value(아이겐값, 고유값): PSPP에서는 제공되지 않음. 100 이상이면 다중공선성을 의심하며, 1000 이상이면 다중공선성이 있다.

1. 단순선형회귀(영향을 주는 변수가 하나)

데이터 '09장회귀분석.sav'를 불러온다. 긍정이 상호작용에 미치는 영향을 볼 것이다.

① Analyze(분석)-Regression(회귀)-Linear(선형)

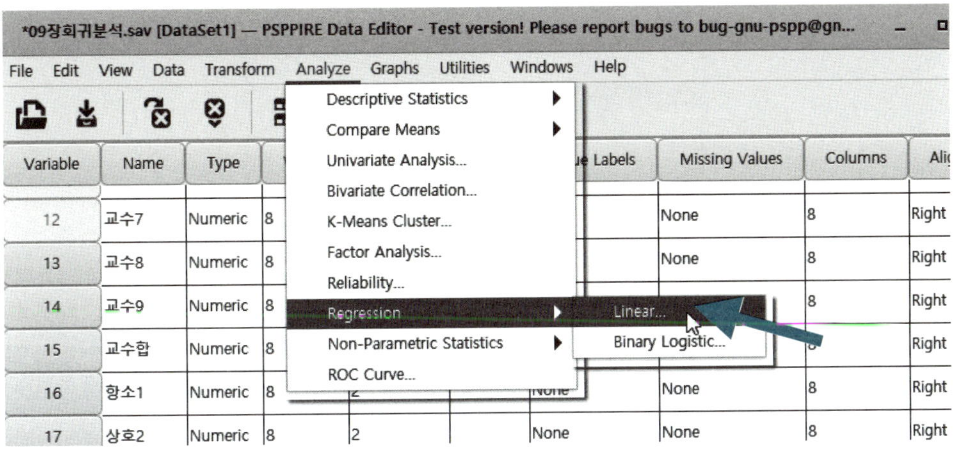

② Dependent(종속변수, 영향받는 쪽)에 상호합을 넣고 Independent(독립변수, 영향주는 쪽)에 긍정합을 넣는다. Statistics(통계량) 버튼을 누른다.

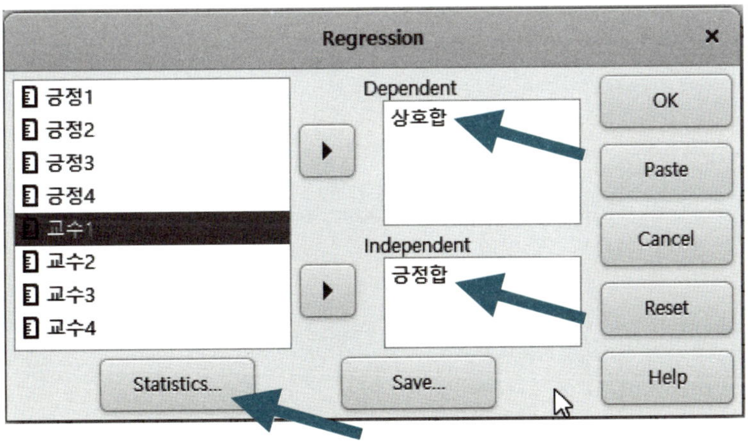

③ 통계량 창에서 기본적으로 선택된 Coeff(상관), R(적률상관계수), Anova(회귀모형의 통계적 유의성 결정) 외에 Tol(공차, Tolerance)에 체크하고 Continue 버튼을 누른다.

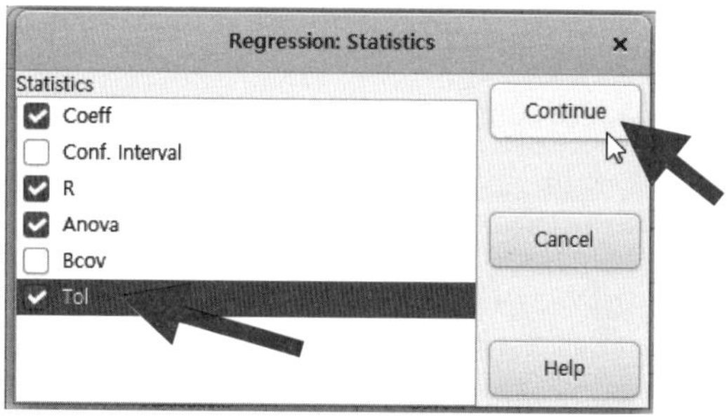

④ Save 버튼을 눌러 Residuals(잔차)에 체크한다. 기본가정을 만족하는가 진단하는 지표이다. Continue 버튼을 누른다.

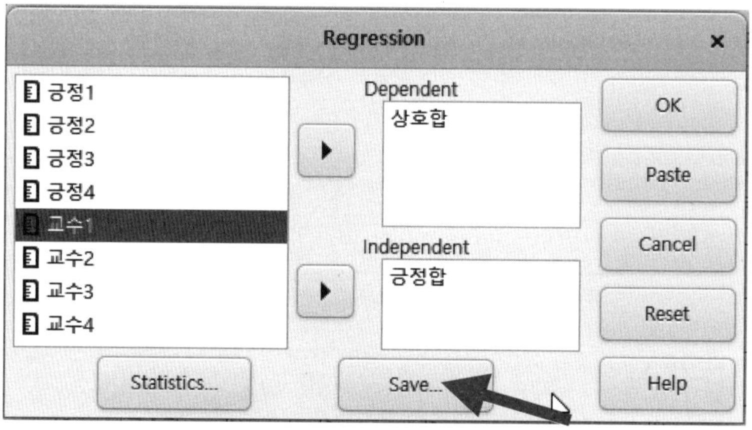

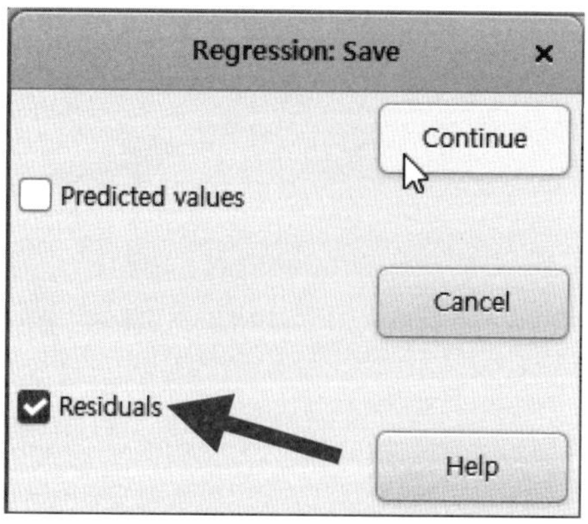

⑤ 단순회귀분석 결과가 출력된다.

Model Summary (상호합)

R	R Square	Adjusted R Square	Std. Error of the Estimate
.62	.38	.38	.33

ANOVA (상호합)

	Sum of Squares	df	Mean Square	F	Sig.
Regression	21.29	1	21.29	189.91	.000
Residual	34.64	309	.11		
Total	55.93	310			

Coefficients (상호합)

	Unstandardized Coefficients		Standardized Coefficients	t	Sig.	Collinearity Statistics	
	B	Std. Error	Beta			Tolerance	VIF
(Constant)	2.41	.13	.00	18.12	.000		
긍정합	.47	.03	.62	13.78	.000	.48	2.10

- R(적률상관계수): .62로 높은 상관을 보인다.
- R Square(R제곱): 결정계수, 즉 설명력이다. 회귀모델이 종속변수에 얼마나 영향을 주는지 나타낸다. R제곱이 1.00이라면 100% 설명력을 가지고, R제곱은 0이라면 0% 설명력을 가진다. 본 결과에서는 .38이므로 교사의 긍정은 상호작용에 38% 영향을 준다(혹은 상호작용의 38%가 교사의 긍정에 의해 설명된다)고 해석한다.
- ANOVA: 회귀모형의 통계적 유의성을 보는데, Sig.이 .000이므로 본 회귀모델은 유의미한 모델임을 나타낸다.
- Coefficients(계수): t검증은 독립변수가 영향을 미치느냐의 유의도를 본다. 긍정합은 Sig. .000으로 유의미하게 영향을 미친다.
- Tolerance(공차한계): .1 이상이면 회귀모형이 적합한데 .48이다.
- VIF(Variance Inflation Factor, 분산팽창계수): 10보다 크면 다중공선성을 의심하는데 2.10이므로 문제없다.

이상의 결과는 다음과 같이 보고한다.

긍정이 상호작용에 미치는 영향을 알아보기 위하여 단순선형회귀분석을 한 결과는 다음 표와 같다. 본 모형은 회귀분석을 위한 기본가정을 만족하였다(Tolerance=.48, VIF=2.10). Tolerance는 .1 이상이면 적합하고, VIF는 10보다 작아야 한다.

〈표 9-1〉 긍정이 상호작용에 미치는 영향(N=310)

모형	*B*	*Beta*	*R*	*F*	R^2
(상수)	2.41				
긍정합	.47	.62	.62	189.91***	.38

****p* < .001

본 회귀모형은 적합한 것으로 나타났다(F=189.91, $p < .001$). 긍정은 상호작용에 38%의 설명력을 가지는 것으로 나타났다.

2. 중다선형회귀(영향을 주는 변수가 여럿)

중다선형회귀를 사용하는 대표적인 두 경우가 있다.

첫째, 두 종류의 측정을 하고, 그것들이 종속변수에 얼마나 영향을 미치는지이다.

예 지능지수, 사회적 지지가 학업성적에 얼마나 영향을 미치는가

둘째, 어떤 검사에서 하위요소가 여럿 있는 경우 하위요소들이 종속변수에 얼마나 영향을 미치는지 분석할 때이다. 예 6장 자기효능감의 자신감, 자기조절효능감, 과제난이도선호라는 세 영역들이 각각 삶의 질에 얼마나 영향을 미치는가

SPSS에서는 여러 변수를 투입하는 방법을 다양하게 제공하고 있으나 PSPP는 한 번에 모두 투입하여 산출한다. 따라서 중다회귀분석을 했을 때 각 개별 변수의 설명력을 따로 산출하지는 못한다.

① Analyze(분석)-Regression(회귀)-Linear(선형)는 단순선형회귀와 동일하다.

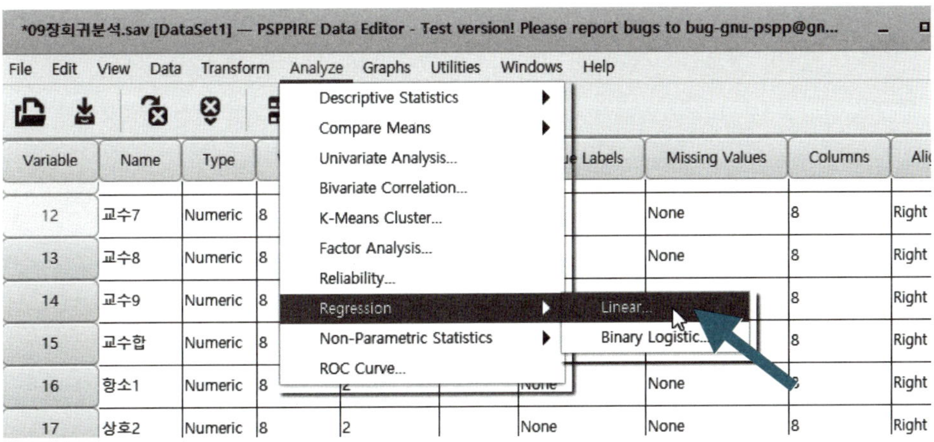

② Dependent(종속변수, 영향 받는 쪽)에 상호합을 넣고 Independent(독립변수, 영향 주는 쪽)에 이번에는 긍정합, 교수합의 두 변수를 넣는다. Statistics(통계량) 버튼을 누른다.

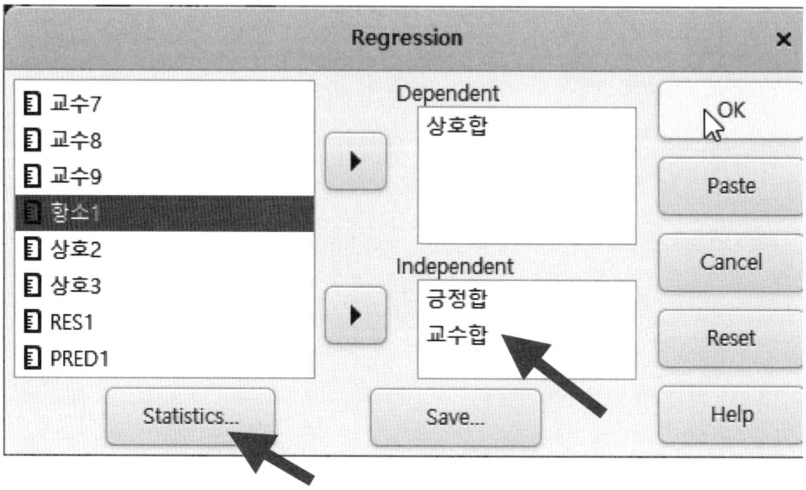

③ 통계량 창에서 기본적으로 선택된 Coeff(상관), R(적률상관계수), Anova(회귀모형의 통계적 유의성 결정) 외에 Tol(공차, Tolerance)에 체크하고 Continue 버튼을 누른다. 중다회귀분석에서는 꼭 진단값을 산출해야 한다.

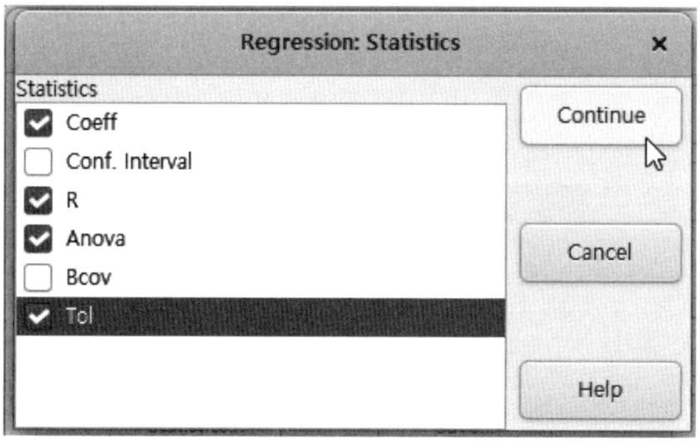

④ Save 버튼을 눌러 Residuals(잔차)에 체크한다. 중다회귀분석 기본가정을 만족하는가 진단하는 지표이다. Continue 버튼을 누른다.

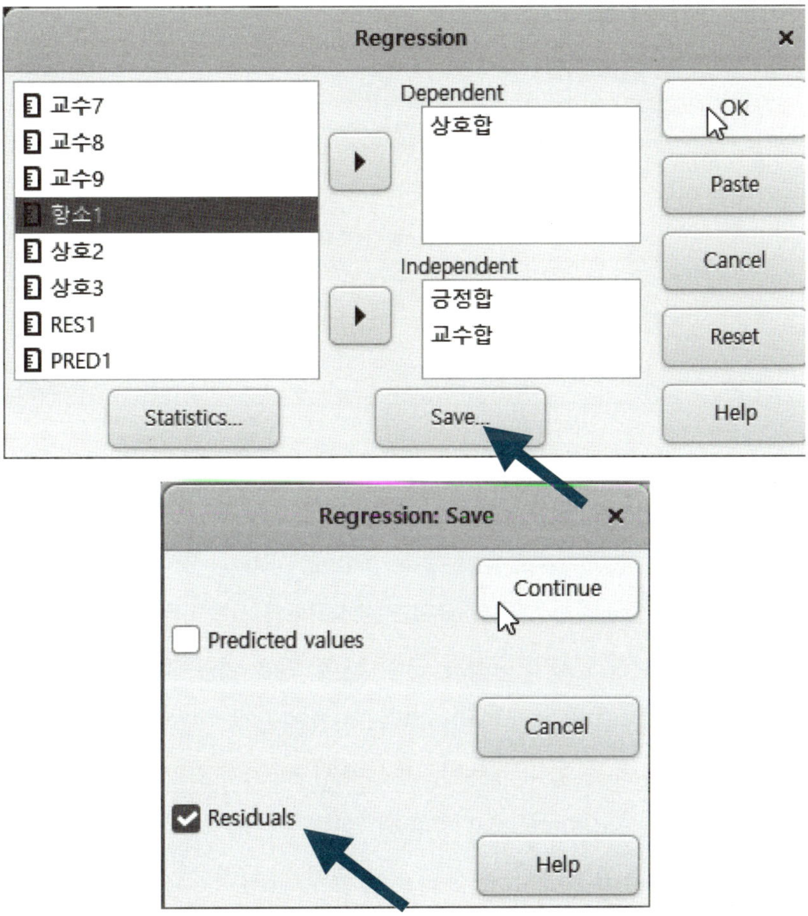

⑤ 중다회귀분석 결과가 출력된다.

Model Summary (상호합)

R	R Square	Adjusted R Square	Std. Error of the Estimate
.68	.47	.46	.31

ANOVA (상호합)

	Sum of Squares	df	Mean Square	F	Sig.
Regression	26.05	2	13.03	134.28	.000
Residual	29.88	308	.10		
Total	55.93	310			

Coefficients (상호합)

	Unstandardized Coefficients		Standardized Coefficients			Collinearity Statistics	
	B	Std. Error	Beta	t	Sig.	Tolerance	VIF
(Constant)	2.04	.13	.00	15.14	.000		
긍정합	.18	.05	.24	3.45	.001	.37	2.70
교수합	.39	.06	.48	7.01	.000	.37	2.70

- R(적률상관계수): .68로 높은 상관을 보인다.
- R Square(R제곱): 본 회귀모델이 종속변수에 얼마나 영향을 주는지 나타낸다. 본 결과에서는 .47이므로 교사의 긍정과 교수기술은 상호작용에 47% 영향을 준다(혹은 상호작용의 47%가 교사의 긍정과 교수기술에 의해 설명된다)고 해석한다.
- Adjusted R Square(수정된 R제곱): .46으로 R제곱과 큰 차이가 없다. 독립변수를 추가하면 설명력은 올라가는데, 계산에서 df(자유도)가 증가하는 손실이 발생한다. 그 손실을 감수하고도 충분히 설명했는가를 나타낸다. 즉 자유도를 감안한 R제곱이다. R제곱과 수정된 R제곱의 차이가 크면 의미 없는 독립변수를 마구 넣어서 문제가 있는 모델이다.
- ANOVA: 회귀모형의 통계적 유의성을 보는데, Sig.이 .000이므로 유의미한 모델.
- Coefficients(계수)
- Unstandardized Coefficients(비표준화계수): B(회귀계수)는 회귀선의 기울기로, 기울기가 클수록 미치는 영향이 크다. 그러나 서로 비교할 수는 없다.
- Beta: 독립변수들을 평균 0, 표준오차 1을 갖도록 조정하였을 때의 회귀계수이다. 즉 서로 비교 가능한 설명력의 비율이다. 긍정은 .24, 교수는 .48이므로 교수기술이 상호작용에 더 많은 영향을 미친다. 부적 영향을 미칠 때는 –부호가

된다.

- t: 독립변수가 영향을 미치느냐의 유의도를 봄. 긍정합은 Sig. .001, 교수합은 Sig. .000으로 두 독립변수 모두 유의미하게 영향을 미치는 것으로 나타났다.
- Collinearity Statistics(공선성 통계): 다중공선성 문제를 피하기 위해 진단통계량을 제시하였다. PSPP는 Tolerance(공차, .1 이상이어야 함)와 VIF(분산팽창계수, 1에 가까워야 함)를 제시하였다. 각각 .37과 2.70이므로 적합하다.

중다회귀분석 결과는 다음과 같이 보고한다.

긍정과 교수기술 두 변인이 상호작용에 미치는 영향을 알아보기 위해 중다회귀분석을 실시한 결과는 다음 표와 같다.

〈표 9-2〉 긍정과 교수기술이 상호작용에 미치는 영향(N=310)

모형	*B*	*Beta*	*R*	*F*	R^2	VIF
(상수)	2.04	.13				
긍정합	.18	.05				2.70
교수합	.39	.06	.68	134.28***	.47	2.70

*** $p < .001$

본 모형은 회귀분석을 위한 기본가정을 만족하였다(Tolerance= .37, VIF=2.70). Tolerance는 .1 이상이면 적합하고, VIF는 10보다 작아야 한다. 본 회귀모형은 적합한 것으로 나타났다(F=134.28, $p < .001$).

긍정과 교수기술은 상호작용에 47%의 설명력을 가지는 것으로 나타났다.

10 CHAPTER

IPA

따라하는
양적연구방법

IPA(Importance-Performance Analysis)는 기업경영에 있어서 소비자가 지각한 만족도와 중요도를 분석하여 중요한데 만족하지 못하는 부분을 개선하고, 중요하지 않은데 만족도가 높은 부분의 과잉투자를 파악하는 기법이다. 교육에 있어서도 단순한 인식과 요구도 연구를 넘어서서 제한된 역량을 투입하는 지침을 제공하기 위해 종종 사용되고 있다.

구체적으로 예를 들어 그 구조를 설명하면 다음과 같다.

① 교육서비스에 대한 항목 10문항을 설문지로 준비하여 각 문항에 대한 만족도와 중요도를 5점 척도로 응답 받는다.

② 만족도는 X축의 좌표로 사용하고, 중요도는 Y축의 좌표로 사용하여 분포도를 그린다.

③ 분포도상에 10개의 점이 찍힌다.

④ 만족도 평균을 X축에 표시하여 세로 선을 긋는다(아래 그림에서 점선). 중요도 평균을 Y축에 표시하여 가로 선을 긋는다(아래 그림에서 일점쇄선). 10개의 점이 평균으로 만든 십자선을 중심으로 분포된다.

⑤ 십자선으로 나누어진 사분면의 어느 곳에 위치하는지에 따라 10개 항목을 해석한다.

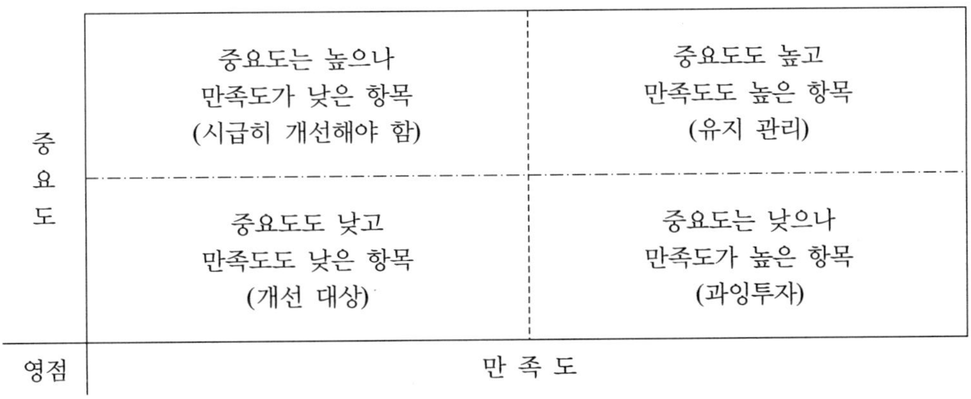

PSPP에서는 산포도 작성은 가능하나 현재 버전으로 평균선을 긋는 기능이 없으므로 SPSS에서 분석하였다.

엑셀로 받은 데이터 '10장 IPA.xls'를 준비한다.

① 엑셀에서 A열은 중요도, B열은 만족도 평균을 배치한다.
추후 기준선을 긋기 위한 중요도 평균과 만족도 평균을 따로 산출해 둔다.

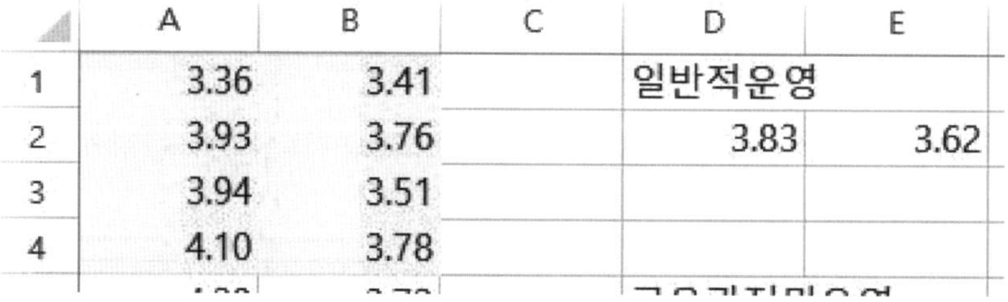

② A, B열 데이터를 SPSS에 옮겨 붙이고 변수 이름에 중요도와 만족도를 표시해 두어 혼동을 방지한다.
Graphs(그래프)-Scatter(산포도)

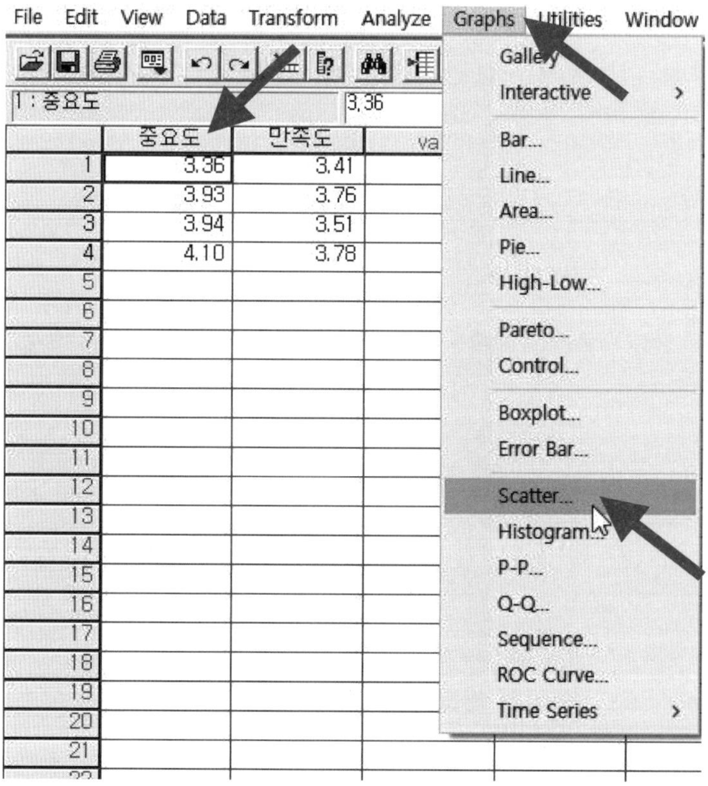

③ 산포도에서 Simple을 선택하고 X, Y축 설정을 위해 Define을 누른다.

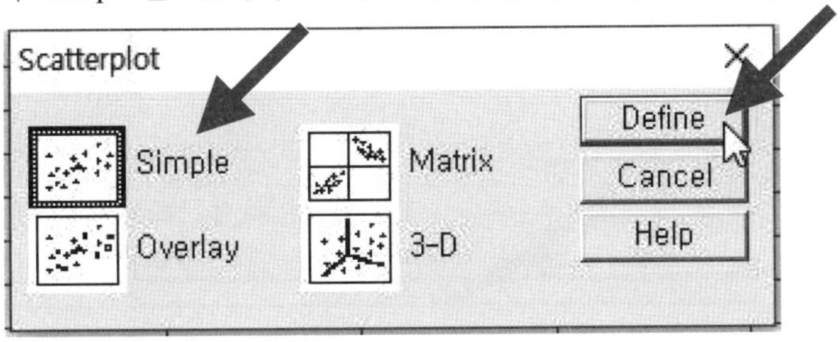

④ Y축에 중요도를 넣고, X축에 만족도를 넣고 OK를 누른다.

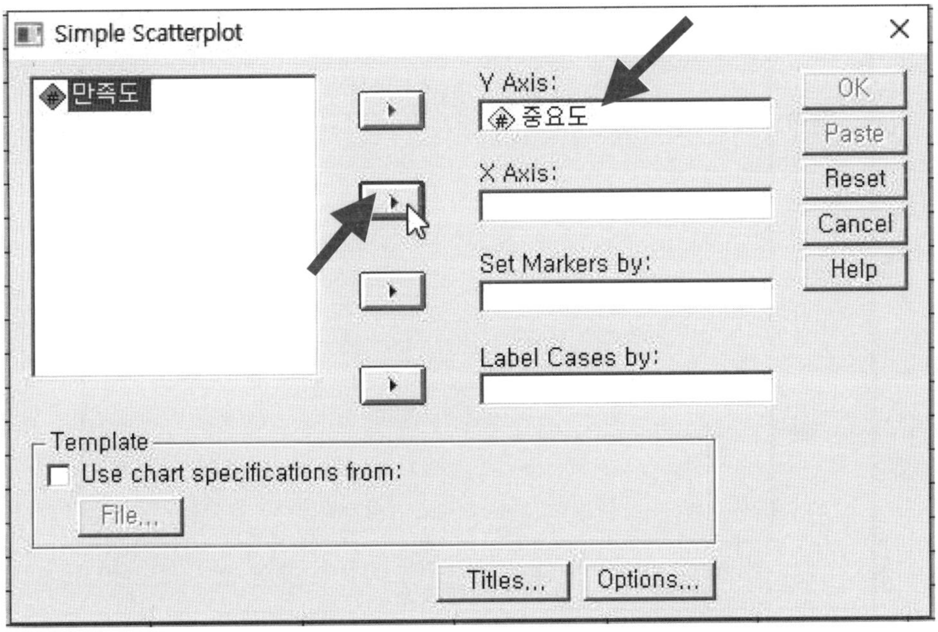

⑤ 생성된 산포도에 Data ID Mode 버튼을 선택하고 각 점을 눌러 문항번호를 표기한다.

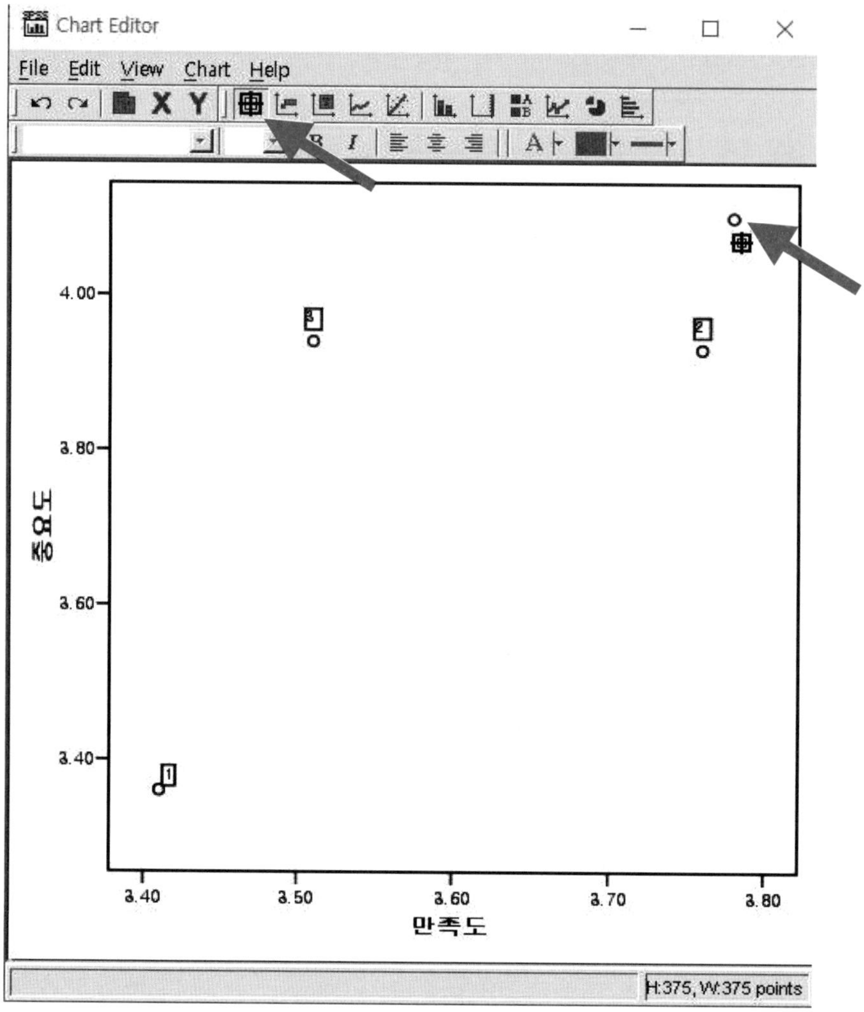

⑥ 표 안에 마우스 오른버튼을 눌러 메뉴창을 띄워 Add X Axis Reference Line 을 누른다.

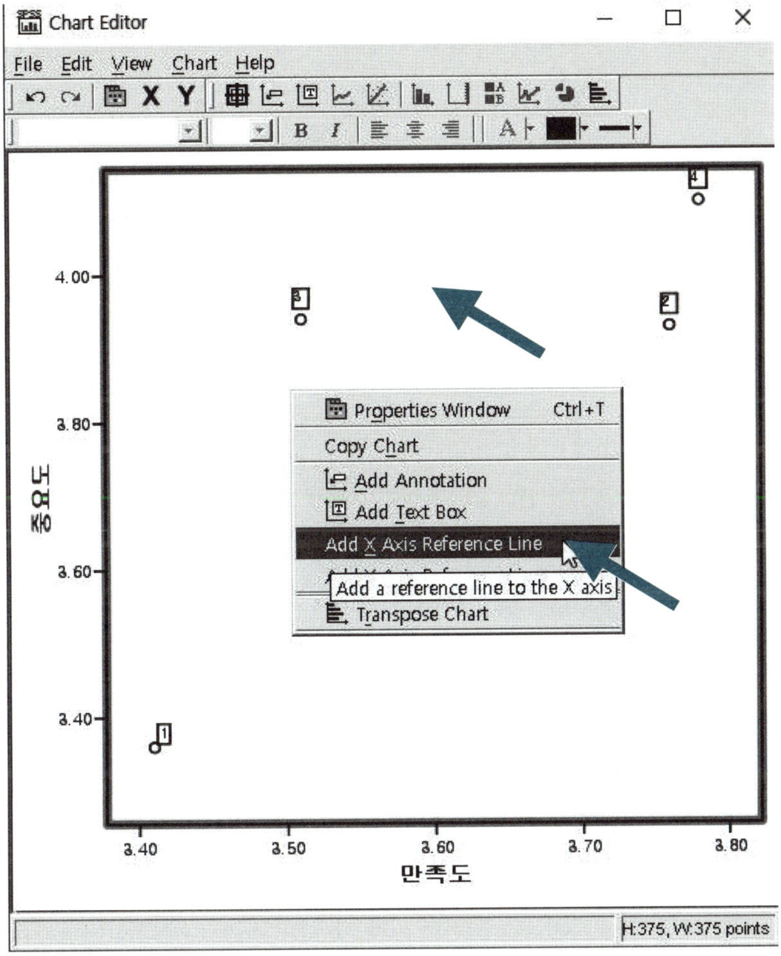

⑦ X축은 만족도이므로 만족도 평균인 3.62를 입력한다.

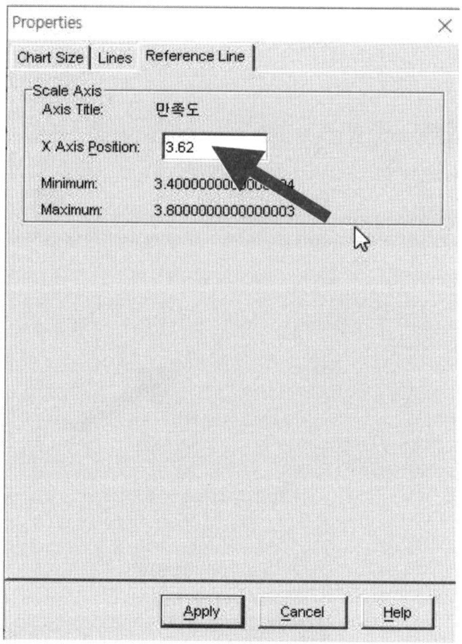

⑧ 같은 요령으로 Y축 참조라인 입력창에 중요도 평균 3.83을 입력한다.

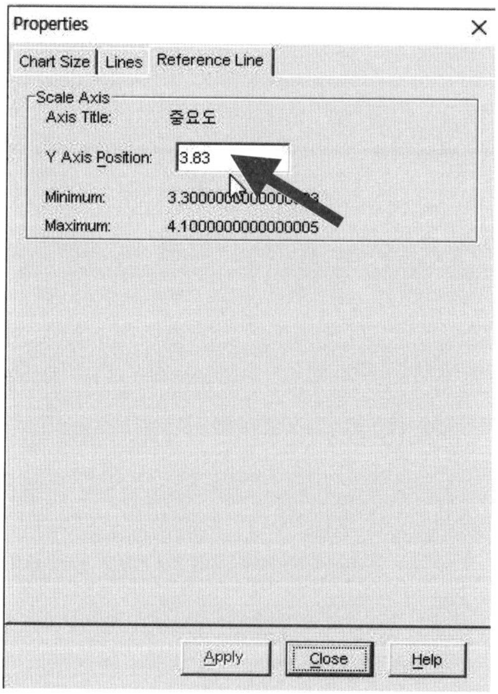

⑨ 네 점의 평균으로 사분면이 만들어졌다.

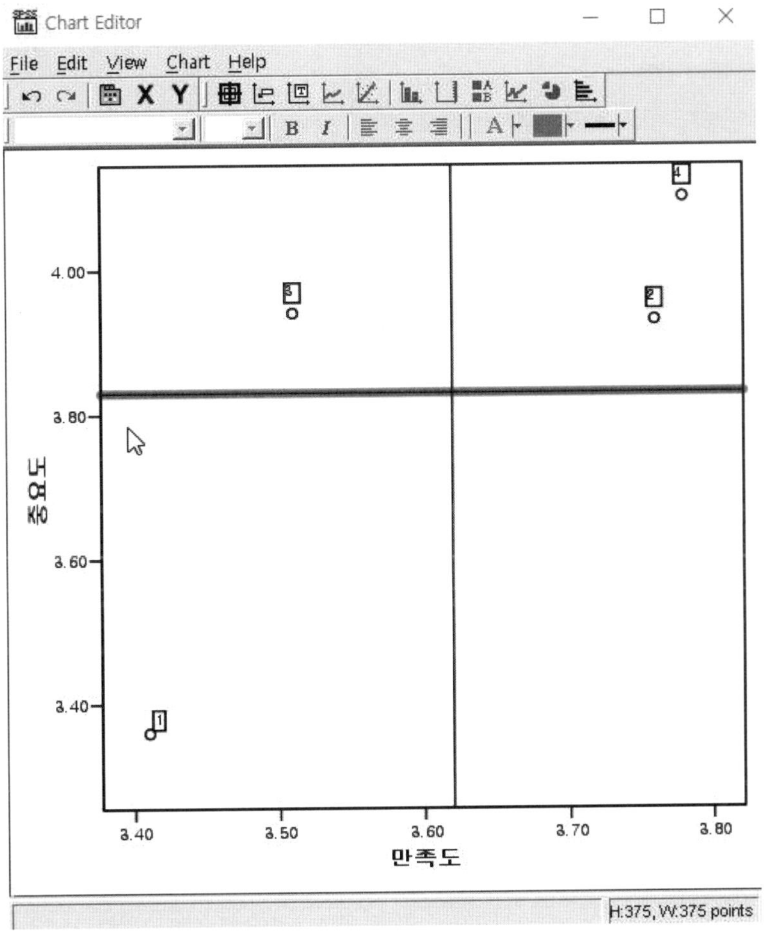

사분면에 배치된 항목을 아래 그림과 같이 해석한다.

중요도	중요도는 높으나 만족도가 낮은 항목 (시급히 개선해야 함)	중요도도 높고 만족도도 높은 항목 (유지 관리)
	중요도도 낮고 만족도도 낮은 항목 (개선 대상)	중요도는 낮으나 만족도가 높은 항목 (과잉투자)
영점	만 족 도	

⑩ 보고서에 제시하려면 점 위의 문항번호를 크게 만들어 잘 보이도록 해야 한다. 점 위의 숫자를 누른다.

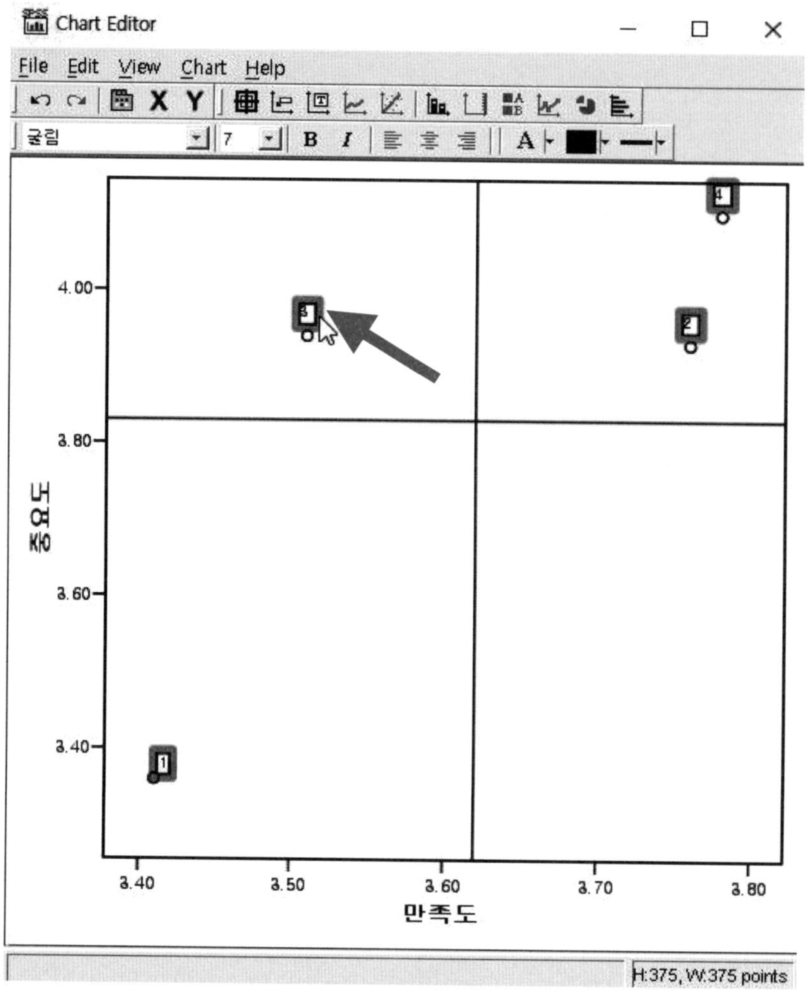

⑪ 보고서의 크기에 알맞게 숫자의 크기를 조절한다.

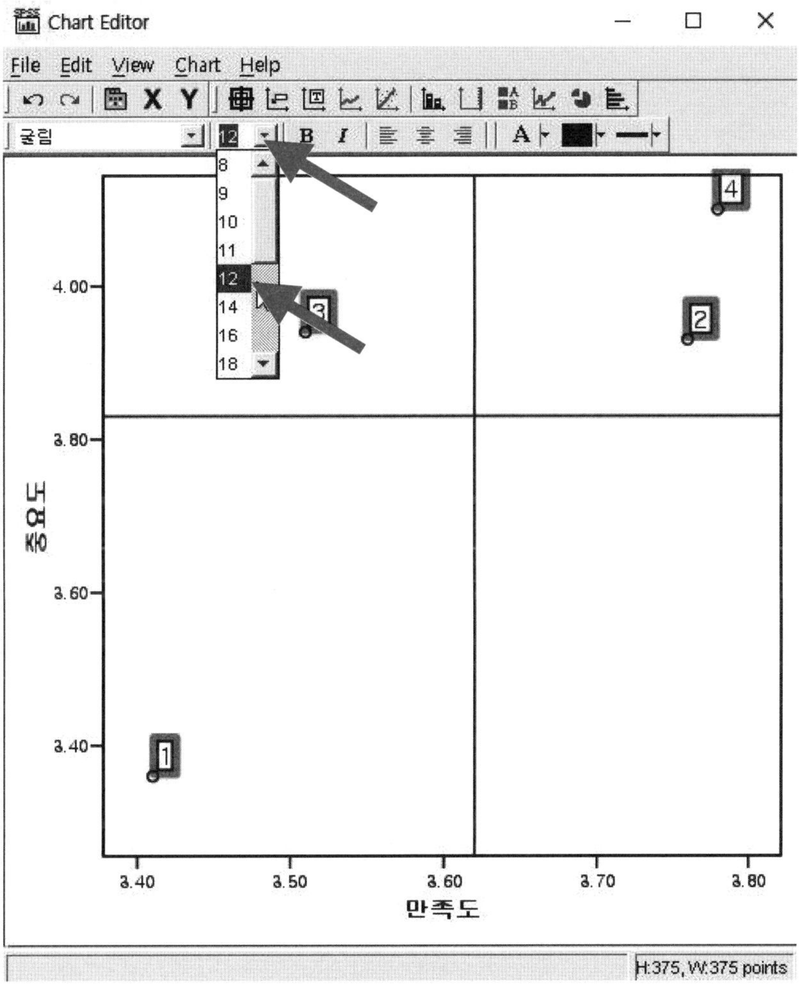

⑫ 그래프를 이미지 파일로 다운받아 보고서에 붙이고 해석을 기록한다.

1번 문항은 중요도도 낮고 만족도도 낮은 항목이므로 개선이 요구된다.
3번 문항은 중요도가 높으나 만족도가 낮으므로 시급히 개선해야 한다.
2번과 4번 문항은 중요도가 높고, 만족도도 높으므로 유지관리한다.

참고문헌

강신영(2011). 예비유아교사의 여가활동 실태와 스트레스 수준에 관한 연구. 한국보육지원학회지, 7(4), 95-118.

강신영(2012). 예비유아교사의 자기효능감이 스트레스에 미치는 영향. 한국보육지원학회 추계학술대회 포스터발표.

강한나(2004). 유치원교사의 원격연수 현황 및 요구도 조사. 부산대학교 대학원 석사학위논문.

금미정(2002). 유아교사의 교육신념 및 역할수행에 따른 유아 발달수준의 차이에 관한 연구. 부산대학교 대학원 석사학위논문.

김미진(2011). 0~3세용 가정환경자극척도(IT-HOME) 타당화를 위한 기초 연구. 부산대학교 대학원 석사학위논문.

김사랑(2011). 공·사립 유치원 간 협력에 대한 교원의 인식 및 요구도 조사. 부산대학교 대학원 석사학위논문.

김수경(2000). 유아교육기관 실외놀이 실태에 관한 양적·질적 분석. 부산대학교 일반대학원 석사학위논문.

김승업(2001). Montessori 프로그램과 일반유치원 프로그램의 효과 비교연구. 부산대학교 대학원 석사학위논문.

김아영(1997). 학구적 실패에 대한 내성의 관련변인 연구. 교육심리연구, 11(2), 1-19.

김아영, 차정은(1996). 자기효능감과 측정. 산업 및 조직심리학회 동계학술발표대회 논문집, 51-64.

버탄프엉(2022). 베트남 유아교사의 교직에 대한 열정과 직무만족도가 행복감에 미치는 영향. 고신대학교 대학원 석사학위논문.

손원경(2004). 3·4세용 유아발달검사 개발 연구. 부산대학교 대학원 박사학위논문.

신현정(2000). 학습자 변인이 유아의 프로젝트 학습 수행능력에 미치는 영향. 부산대학교 대학원 석사학위논문.

이수정(2002). 보육시설의 질적 수준에 따른 유아의 사회적 지지와 자기능력지각과의 관계. 부산대학교 대학원 석사학위논문.

이진숙(2020). 2020 부산여성가족통계연보. 부산여성가족개발원 연구보고서 2020-19.

朱迪(2019). 중국 유아교육기관에 대한 학부모 요구. 고신대학교 대학원 석사학위논문.

하연희, 강신영, 김초롱, 김민정(2022). 예비유아교사의 학교만족도, 학업노력 정도에 따른 자기효능감과 사회적 지지. 인문사회21, 13(3), 1843-1858.

Benjamin, D. J., Berger, J. O., Johannesson, M. et al. (2018). Redefine statistical significance. Nat Hum Behav 2, 6–10. [https://doi.org/10.1038/s41562-017-0189-z]

Curran, P. J., West, S. G., & Finch, J. F. (1996). The robustness of test statistics to nonnormality and specification error in confirmatory factor analysis. *Psychological Methods*, *1*(1), 16-29.

Diener, E., Emmons, R., Larsen, J., & Griffin, S. (1985). The Satisfaction With Life Scale. *J Personality Assessment*, *49*(1), 71-75.

Fisher, R. A. (1925) *Statistical Methods for Research Workers*. Oliver and Boyd, Edinburgh, Scotland.

Kline, T. J. (2005). *Psychological testing: A practical approach to design and evaluation*. Sage Publications.

For more reading.

김영채(1990). 현대통계학. 박영사.

김원표, 이종환, 와이즈인컴퍼니(2019). DataIN으로 보고서 및 통계분석 한방에 끝내기!. 공동체.

설현수(2021). jamovi 통계프로그램의 이해와 활용. 학지사.

성태제(2001). 현대기초통계학의 이해와 적용. 교육과학사.

유진은(2019). 한학기에 끝내는 양적연구방법과 통계분석. 학지사.

이은해(1995). 아동발달의 평가와 측정. 교문사.

황해익(2022). 아동연구방법. 정민사.

황해익, 송연숙, 최혜진, 손원경(2020). 쉽게 배우는 SPSS 자료분석. 공동체.

저자소개

강신영

고신대학교 유아교육과 강의전담교수

부산대학교 교육학박사

하연희

고신대학교 유아교육과 교수

고신대학교 교육학박사

따라하는
양적연구방법
– PSPP프로그램을 중심으로 –

초판 1쇄 인쇄 / 2023년 12월 26일
초판 1쇄 발행 / 2023년 12월 30일

•

공저자 / 강신영 · 하연희
발행인 / 이 중 수
발행처 / 동 문 사

•

서울특별시 서대문구 홍제원 1길 12
(홍제동 137-8)
Tel: 02)736-3718(대), 736-3710, 3720
Fax: 02)736-3719
등록번호: 1974.04.27. 제9-17호
가격: 16,000원

•

ISBN: 979-11-6328-565-6(93370)
E-mail: dong736@naver.com
www.dongmunsa.com